Geometría Sagrada y Sólidos Platónicos Libro para Colorear

Jose Valladares

Volumen 1

Intencionalmente dejado en blanco

Contenidos

Introducción 1
Actividad 1: Templo Sagrado 3
Actividad 2: Norte y Sur 5
Actividad 3: Enri Misterioso 7
Actividad 4: Adoración Santa 9
Actividad 5: Danza con flores 11
Actividad 6: Kazan 13
Actividad 7: La Fundación 15
Actividad 8: Edo 17
Actividad 9: Sangaku 19
Actividad 10: Cadena Simetria 21
Actividad 11: Máquina del Tiempo 23
Actividad 12: Templo de Sol 25
Actividad 13: Estrella Fractal 27
Actividad 14: Gotas de lluvia 29
Actividad 15: Rothman 31
Actividad 16: Círculos 33
Actividad 17: Exhiben A 35
Actividad 18: Este & Oeste 37
Actividad 19: La Palabra 39
Actividad 20: Electrizante 41
Actividad 21: Desconocido 43
Actividad 22: La Ley de la Multiplicicion 45
Actividad 23: La Ciudad de Ba 47
Actividad 24: Mathematica 49
Actividad 25: Teoría Unificada 51
Actividad 26: Creación 53
Actividad 27: Infinito 55
Actividad 28: Ciudad de Nago 57
Actividad 29: Foccina 59
Actividad 30: Anatema 61
Actividad 31: Panarion 63
Actividad 32: Fido 65
Actividad 33: Mágico 67
Actividad 34: El Secreto 69
Actividad 35: Espadas 71
Actividad 36: La Clave Secreta 73
Actividad 37: La Yarda de la Corte 75
Actividad 38: Una flor Adentro 77
Actividad 39: Plazas 79
Actividad 40: Doctrina Secreta 81
Actividad 41: Trinosophie 83
Actividad 42: Tron 85
Actividad 43: Espinas 87
Actividad 44: Fuego Blanco 89
Actividad 45: Tor 91
Actividad 46: El Sol 93
Actividad 47: Pulpo 95
Actividad 48: Bloques de Piedra 97
Actividad 49: Norte 99

Actividad 50: Daisy	*101*
Actividad 51: Petunia	*103*
Actividad 52: Tiempo del Espacio	*105*
Actividad 53: Nuncamundo	*107*
Actividad 54: Lirio de Agua	*109*
Actividad 55: Estrella de Cristal	*111*
Actividad 56: Piedras Cóncavas	*113*
Actividad 57: Canna	*115*
Actividad 58: Fiesta de Cumpleaños	*117*
Actividad 59: Fuerza	*119*
Actividad 60: Ranúnculos	*121*
Actividad 61: Pies de Pájaro	*123*
Actividad 62: Orion	*125*
Actividad 63: Estrella Celestial	*127*
Actividad 64: Paraíso	*129*
Actividad 65: Te Veo	*131*
Actividad 66: Pitágoras	*133*
Actividad 67: Círculo Siria	*135*
Actividad 68: Sinfonía de Beethoven	*137*
Actividad 69: Flor Egipcia	*139*
Actividad 70: Cleopatra	*141*
Actividad 71: Neurona	*143*
Actividad 72: Brillante	*145*
Actividad 73: Símbolo de la Pureza	*147*
Actividad 74: Dodecágono	*149*
Actividad 75: Ion	*151*
Actividad 76: Ecuación	*153*
Actividad 77: Te quiero	*155*
Actividad 78: Maravilla	*157*
Actividad 79: Cuatro	*159*
Actividad 80: Campo de Electrones	*161*
Actividad 81: Humanidad	*163*
Actividad 82: Vía Láctea	*165*
Actividad 83: Tercera Clase	*167*
Actividad 84: Campana Azul	*169*
Actividad 85: Calendula	*171*
Actividad 86: Dalia	*173*
Actividad 87: Girasol	*175*
Actividad 88: Palacio de Agua	*177*
Actividad 89: Maravillosa	*179*
Actividad 90: Circulo Perfecto	*181*
Actividad 91: El Altar	*183*
Actividad 92: La Fortaleza	*185*
Actividad 93: Cagliostro	*187*
Actividad 94: Flor egipcia	*189*
Actividad 95: Diamante Rosado	*191*
Actividad 96: Revelación	*193*
Actividad 97: Árbol de la Verdad	*195*
Actividad 98: Peony	*197*
Actividad 99: Mario mundo	*199*
Actividad 100: Éter	*201*
Actividad 101: Rey Carlos	*203*

Actividad 102: Burbujas *205*
Actividad 103: Invasión *207*
Actividad 104: Prisionero *209*
Actividad 105: Incas *211*
Actividad 106: Regla de 6 .... *213*
Actividad 107: Arte de Blavatsky *215*
Actividad 108: Puerta del León *217*
Actividad 109: Nubes *219*
Actividad 110: Ecuación de Amor *221*
Actividad 111: Sin Amor... *223*
Actividad 112: R2D4 .... *225*
Actividad 113: El Iniciado *227*
Actividad 114: Bellisima *229*
Actividad 115: Cometas *231*
Actividad 116: Torbellino Galaxy *233*
Actividad 117: Messier 81 .... *235*
Actividad 118: Aurora *237*
Actividad 119: Elektra *239*
Actividad 120: Lyra *241*
Actividad 121: Leilani *243*
Actividad 122: Novas *245*
Actividad 123: Iris *247*
Actividad 124: Hyperion *249*
Actividad 125: Nevaeh *251*
Reconocimiento... *253*

Intencionalmente dejado en blanco

Introducción

Este libro de colorear ha sido muchos meses en la fabricación. Puede parecer extraño que estamos dedicando todo un libro para colorear a patrones simétricos misteriosos. Sabemos que la mente tiene el poder de asignar colores a objetos que ya ha visto. Cada ilustración de este libro está abierta a la interpretación, y la conciencia colectiva es libre de aplicar cualquier color que desee. Nuestro objetivo con este libro de colorear es dar rienda libre a la curiosidad de la mente humana.

Colorear es divertido independientemente de si eres un adulto o un niño. Colorear es simple y divertido, no se requieren habilidades para aplicar colores a las páginas en blanco.

Todo lo que necesita para empezar es lápices de colores, crayones, marcadores, algunos pinceles, y por supuesto el tiempo!
¡ Ve y colorea algo, estimula tu mente!
¡Que te diviertas!

Intencionalmente dejado en blanco

Actividad 1: Templo Sagrado

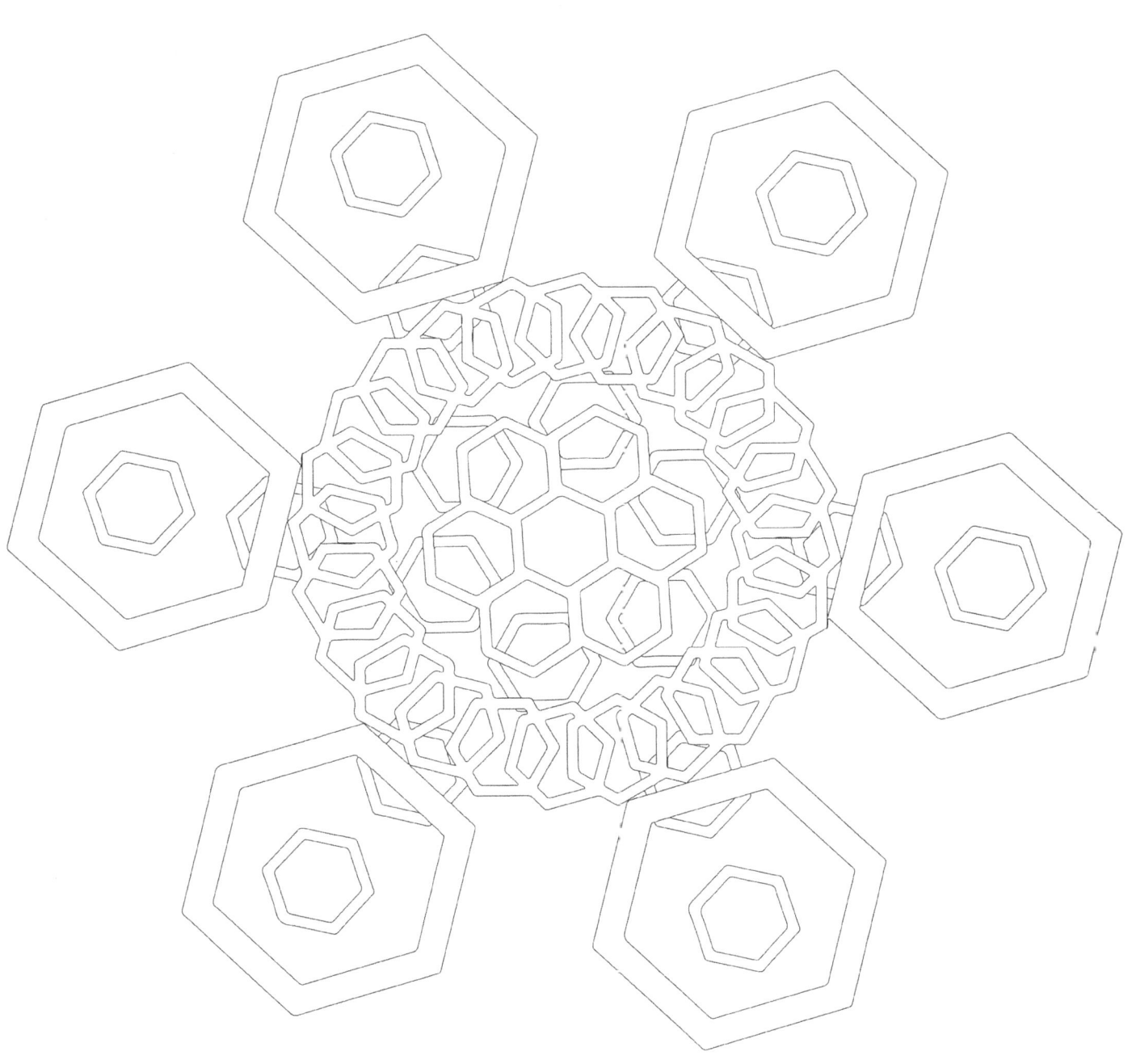

Geometría Sagrada y Sólidos Platónicos Libro para Colorear

Actividad 1: Templo Sagrado

Actividad 2: Norte y Sur

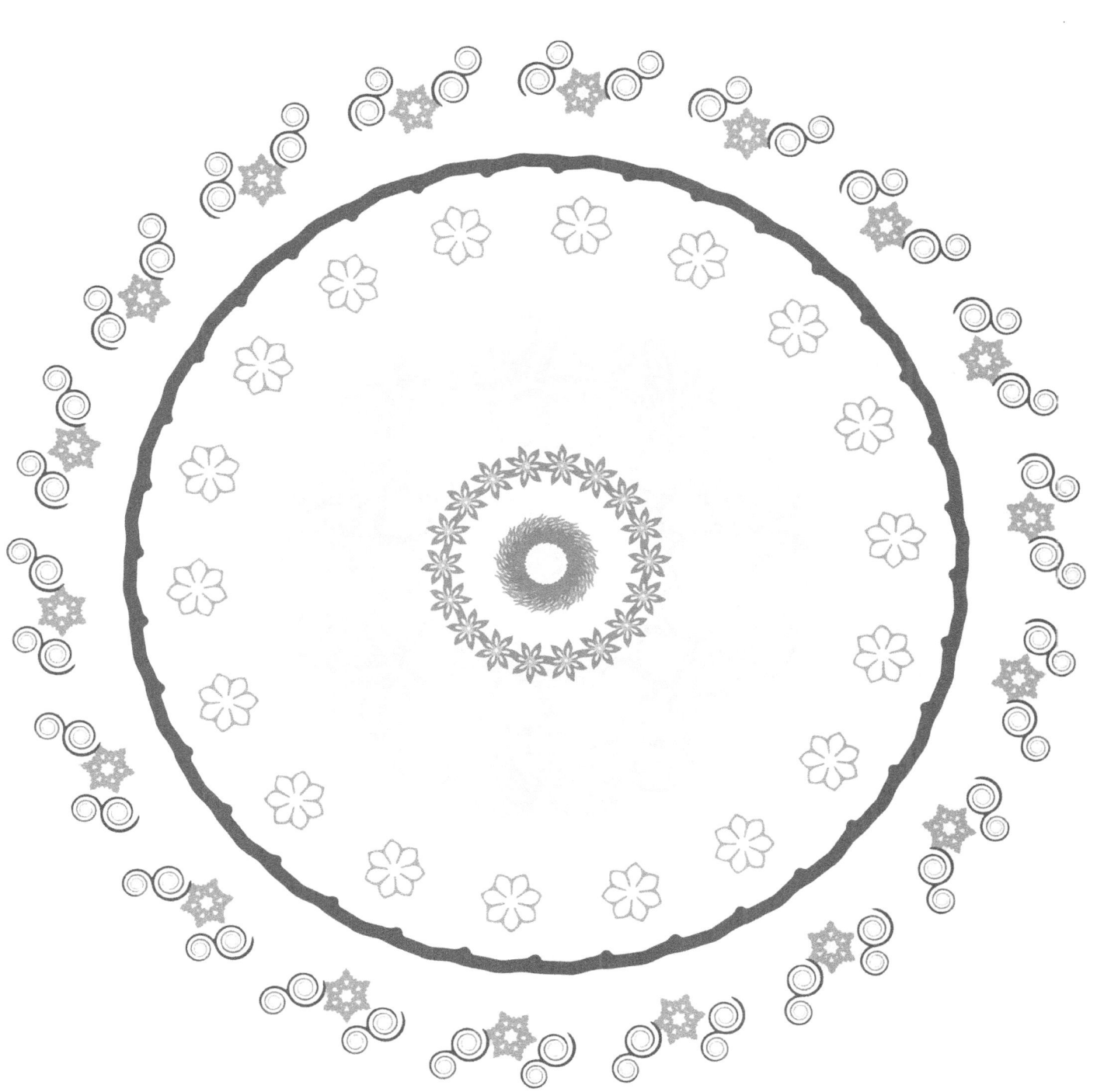

Actividad 3: Enri Misterioso

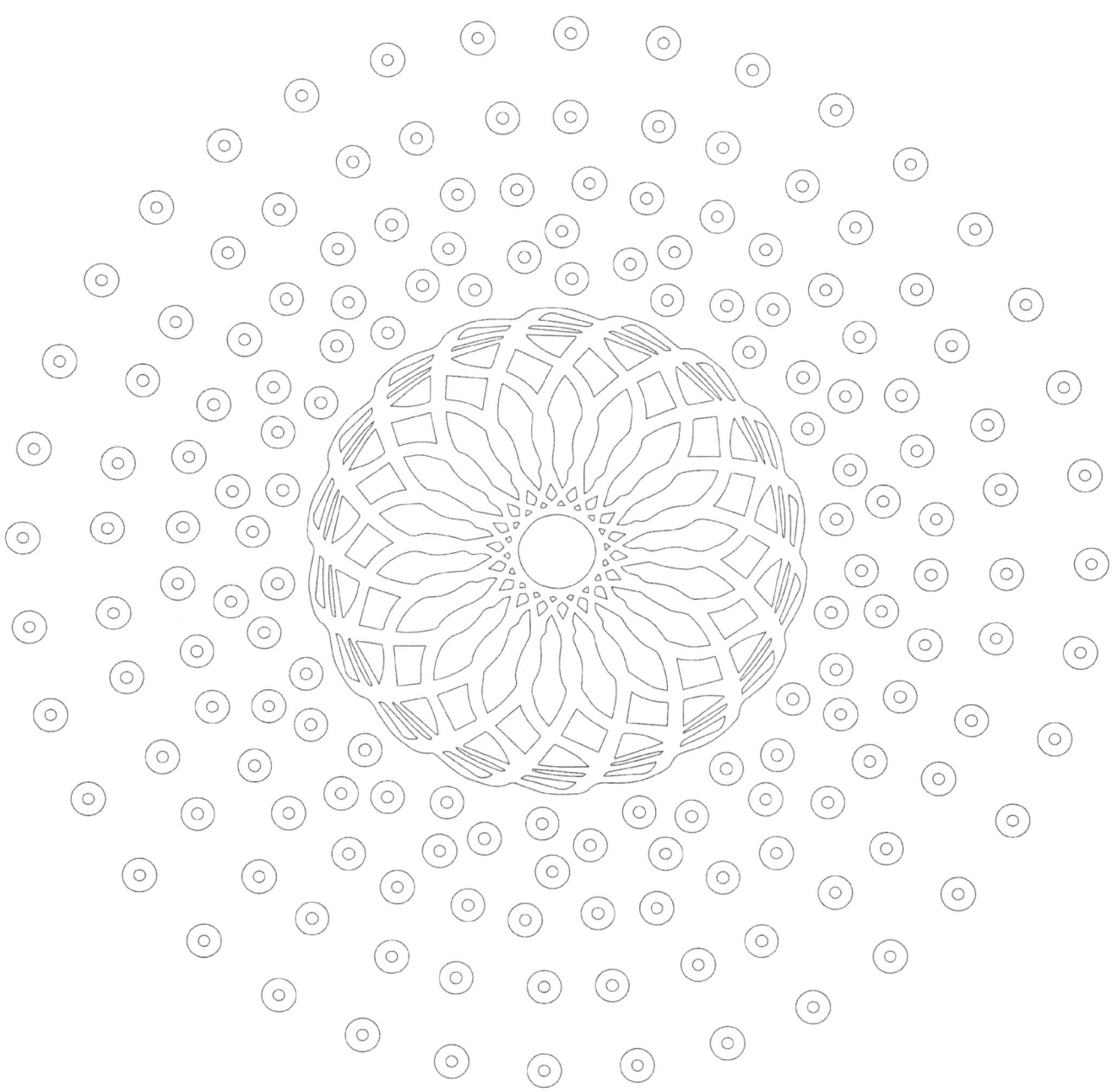

Actividad 3: Enri Misterioso

Actividad 4: Adoración Santa

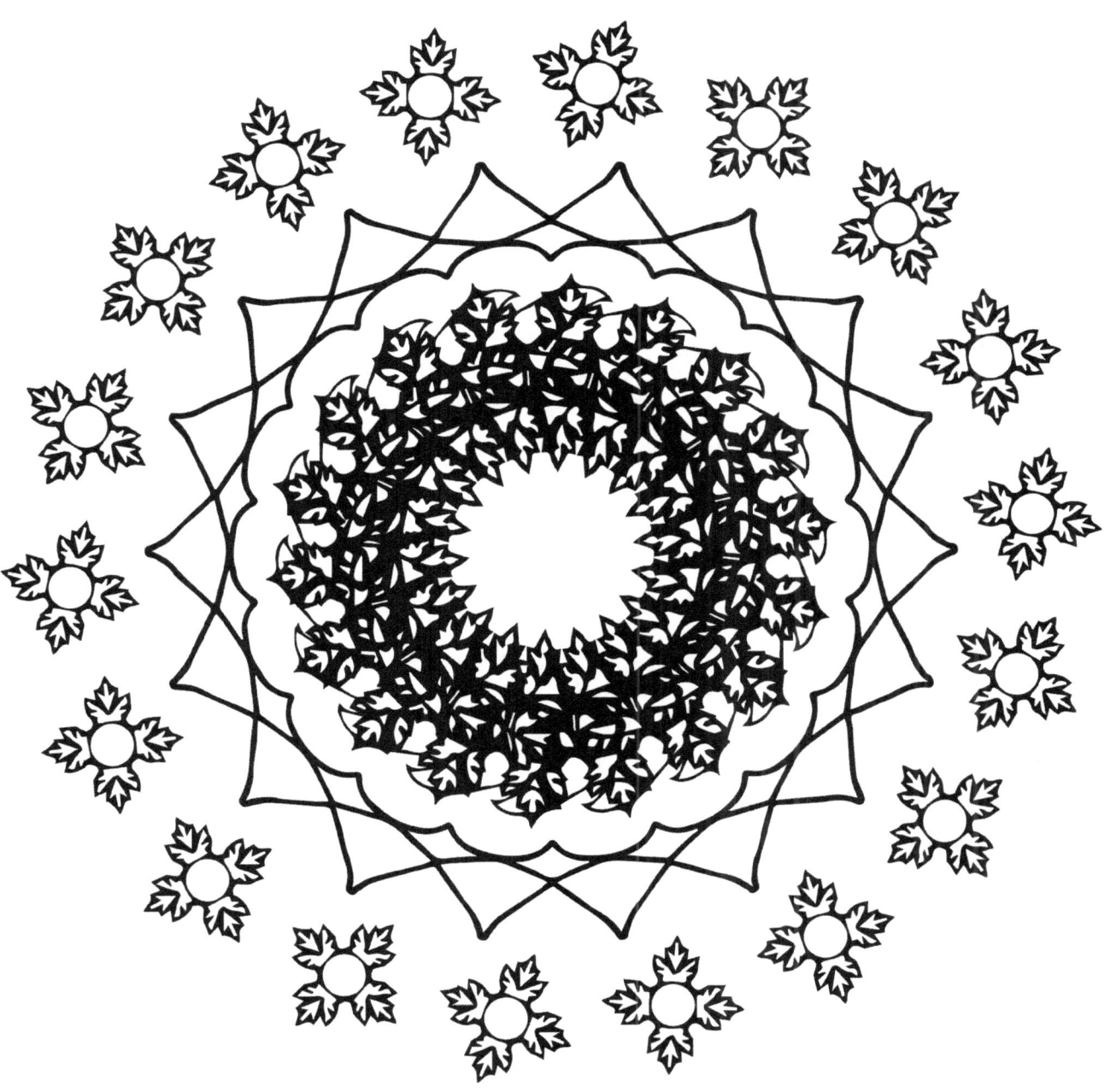

Actividad 4: Adoración Santa

Actividad 5: Danza con flores

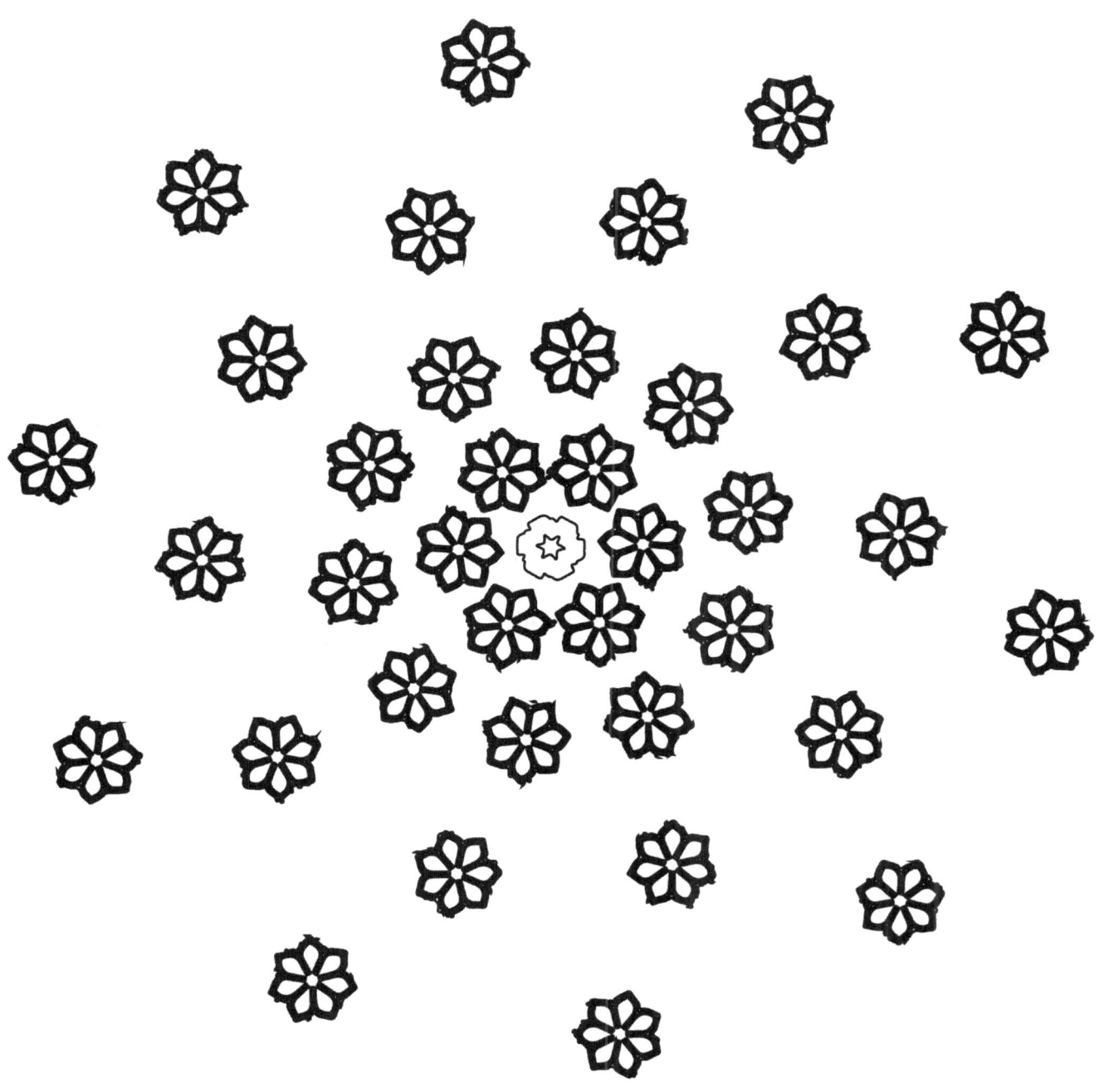

Geometría Sagrada y Sólidos Platónicos Libro para Colorear

Actividad 5: Danza con flores

Actividad 6: Kazan

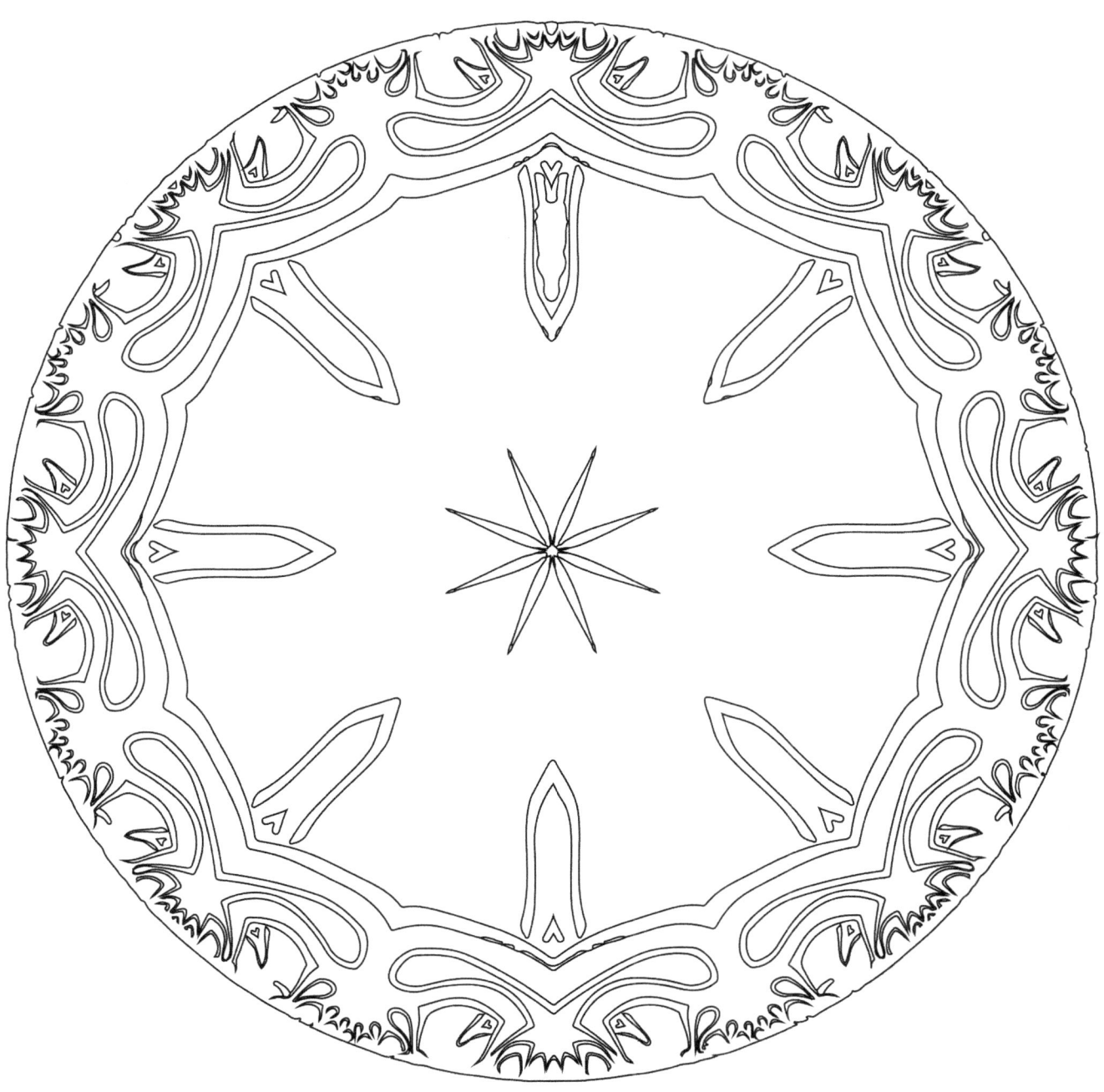

Actividad 6: Kazan

Actividad 7: La Fundación

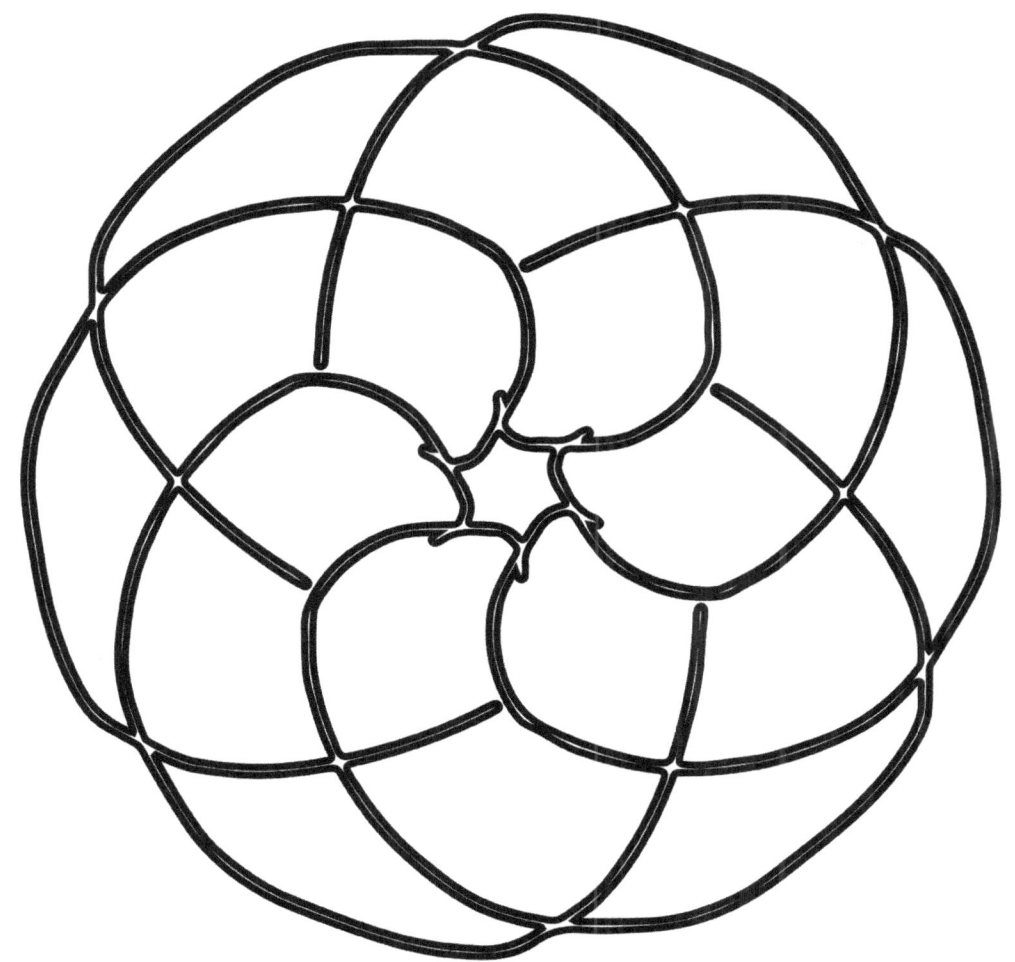

Actividad 7: La Fundación

Actividad 8: Edo

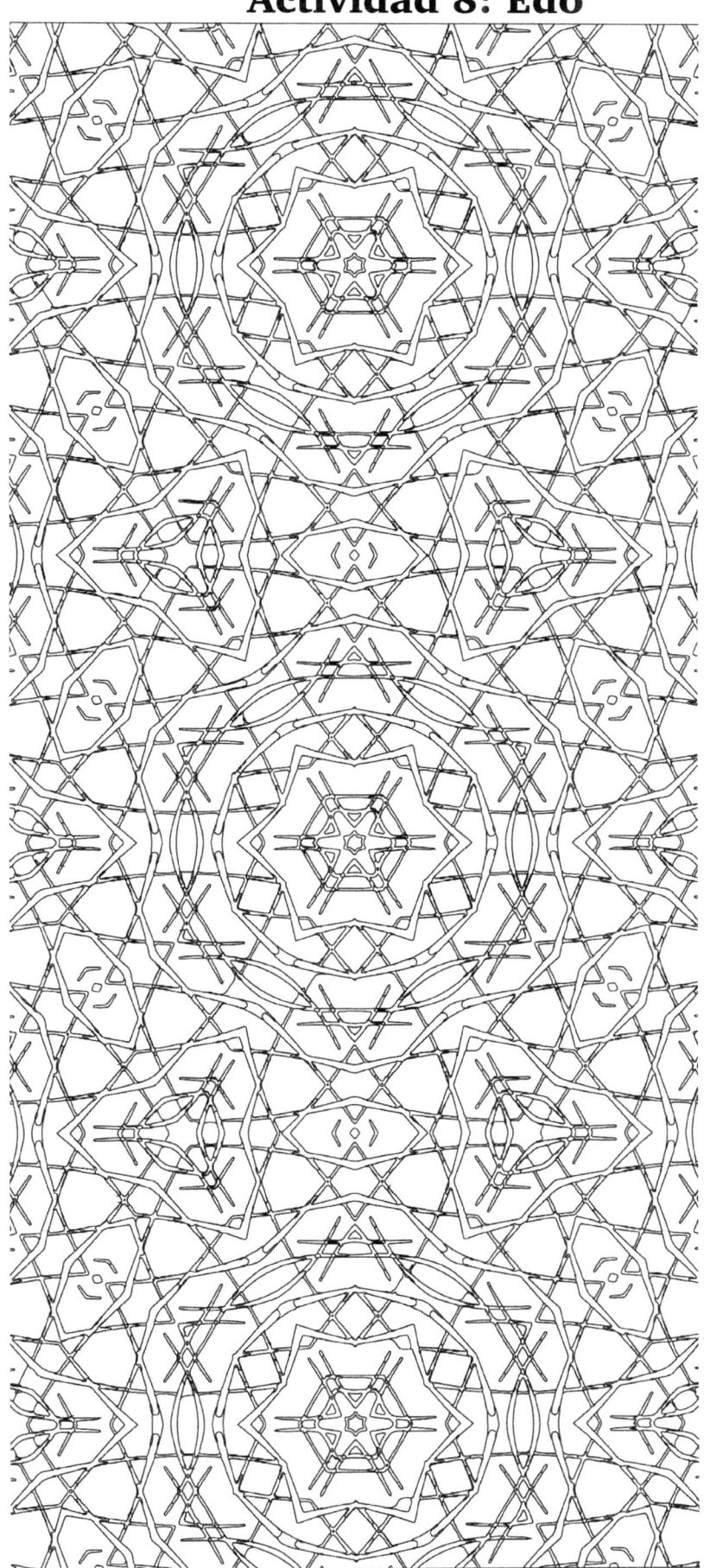

Actividad 8: Edo

Actividad 9: Sangaku

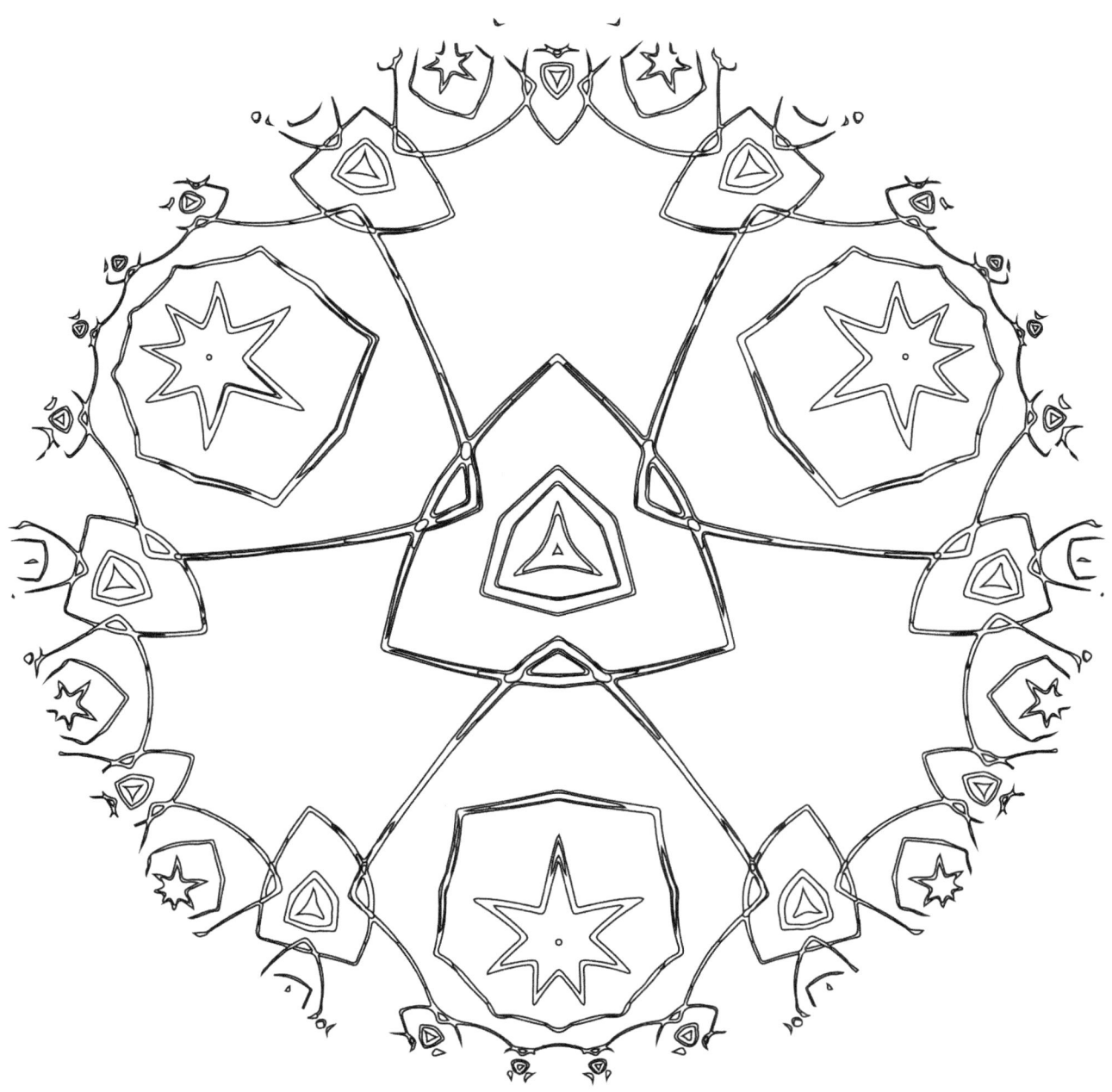

Actividad 10: Cadena Simetria

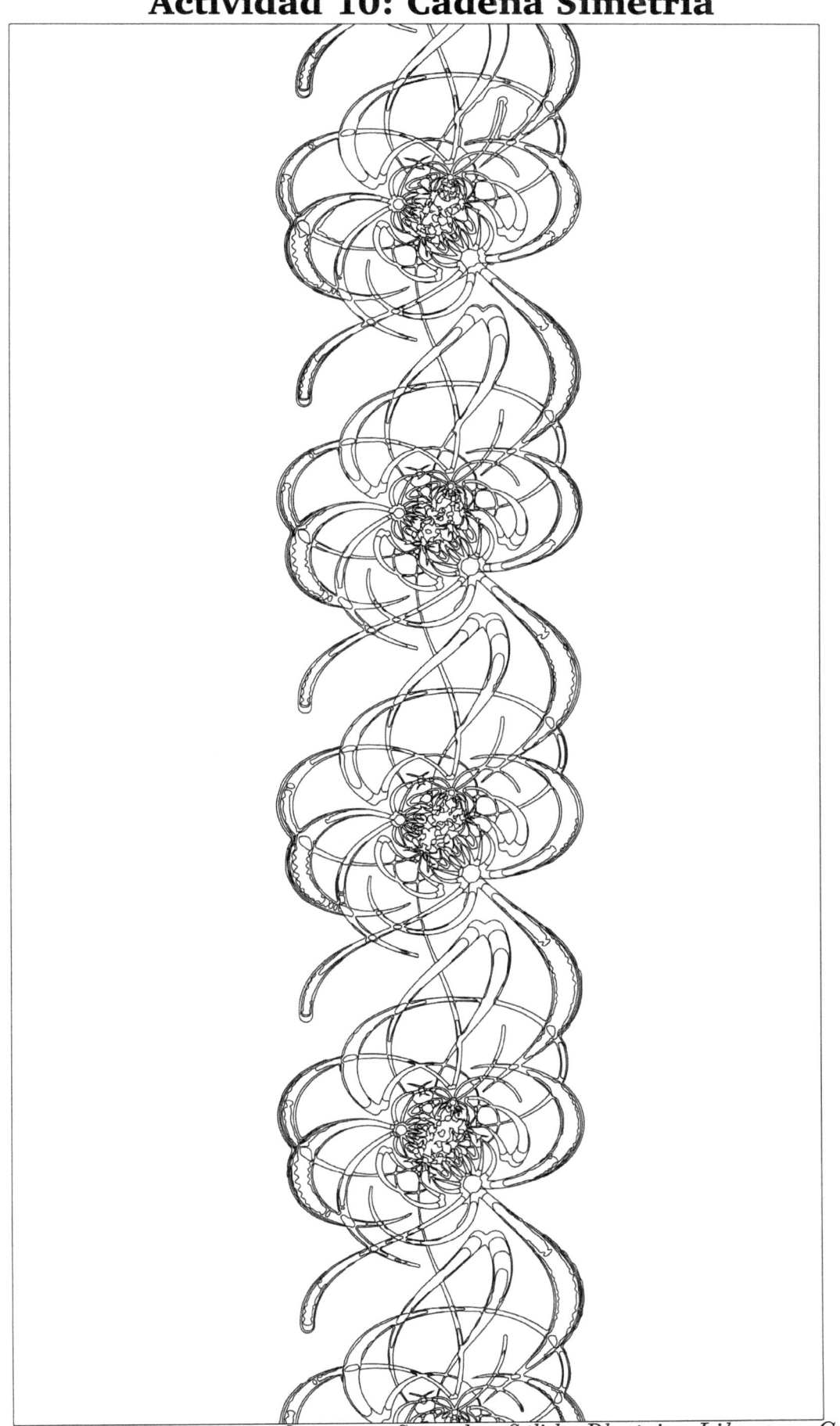

Actividad 10: Cadena Simetria

Actividad 11: Máquina del Tiempo

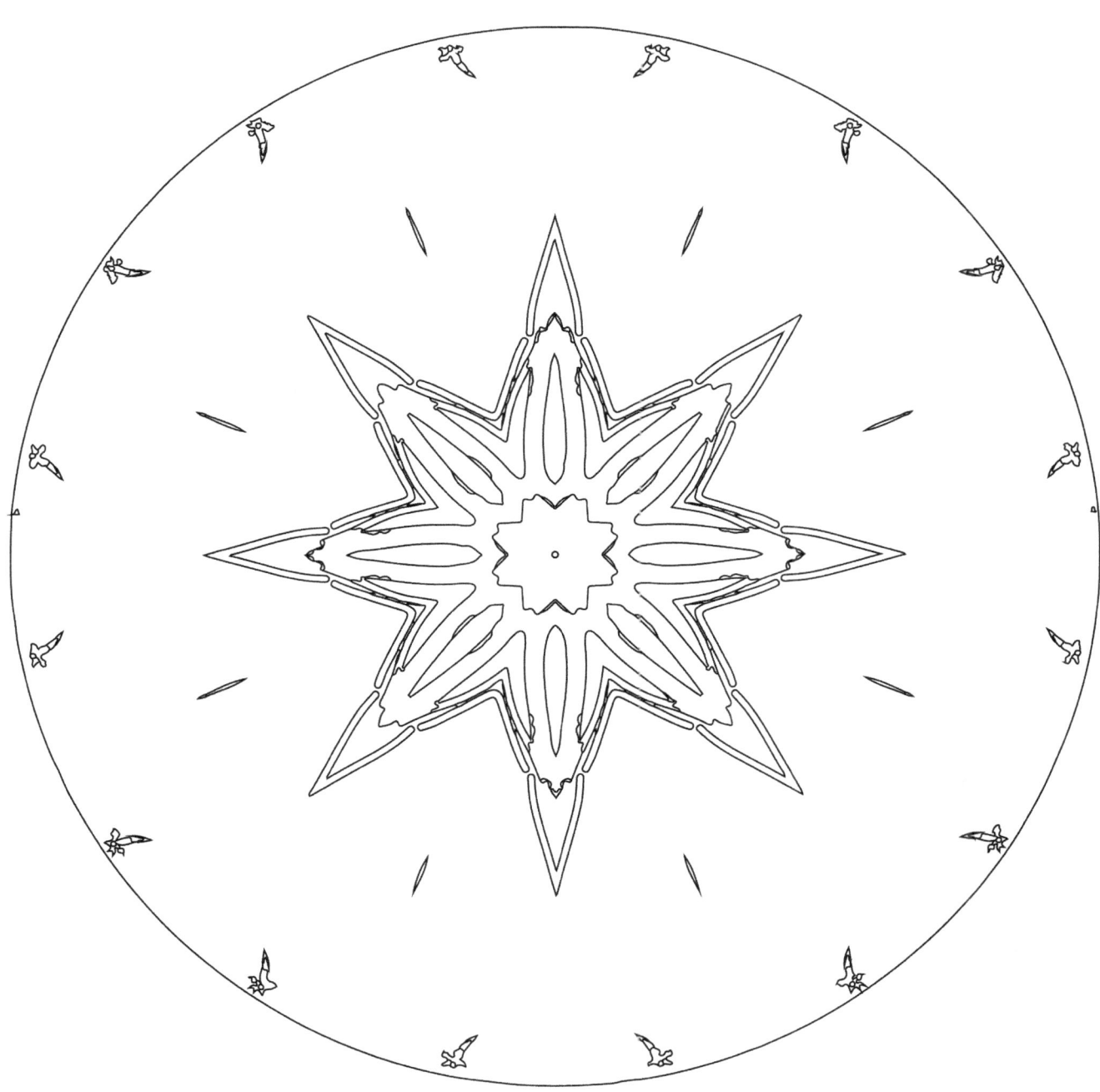

Actividad 11: Máquina del Tiempo

Actividad 12: Templo de Sol

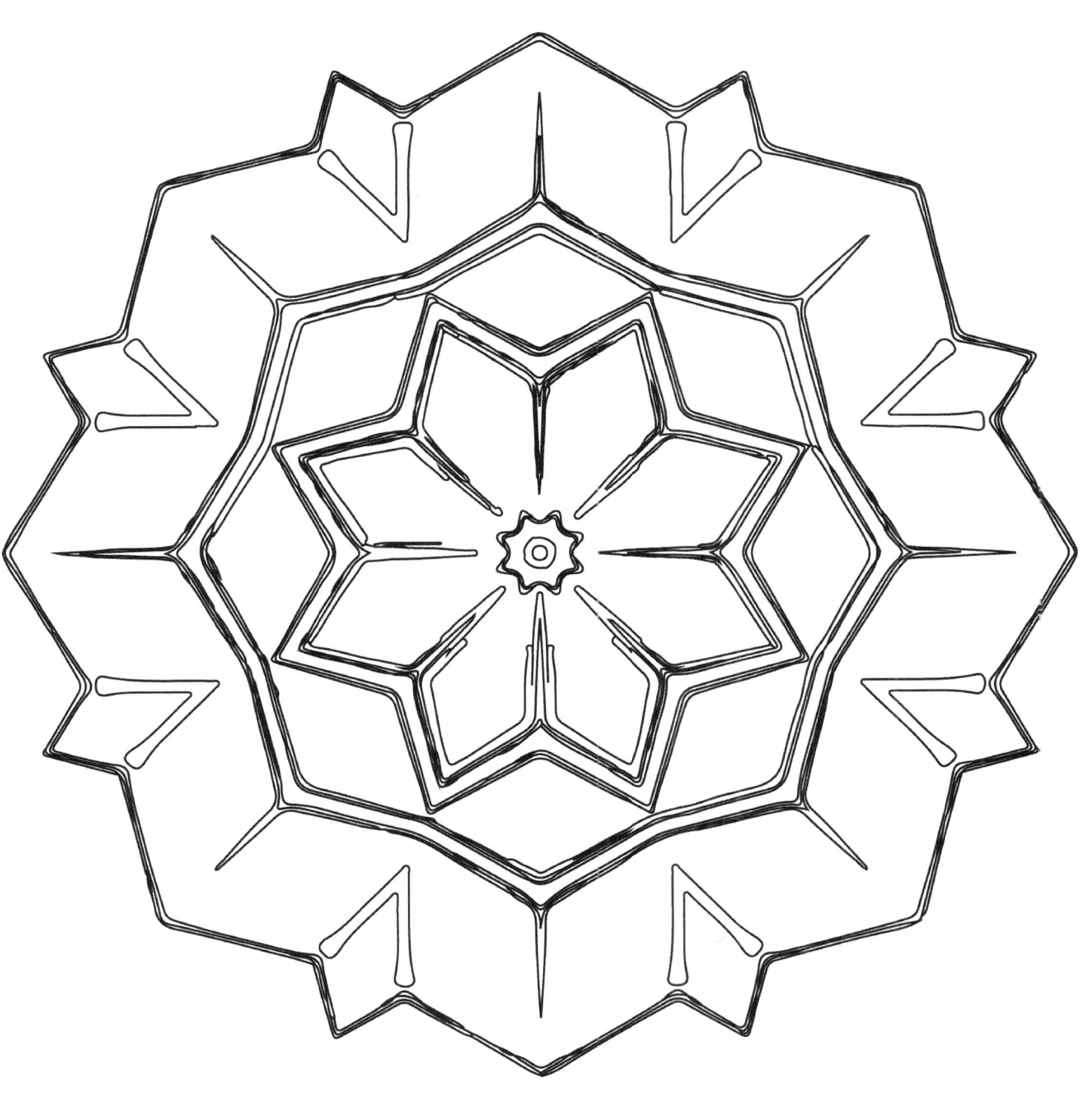

Actividad 12: Templo de Sol

Actividad 13: Estrella Fractal

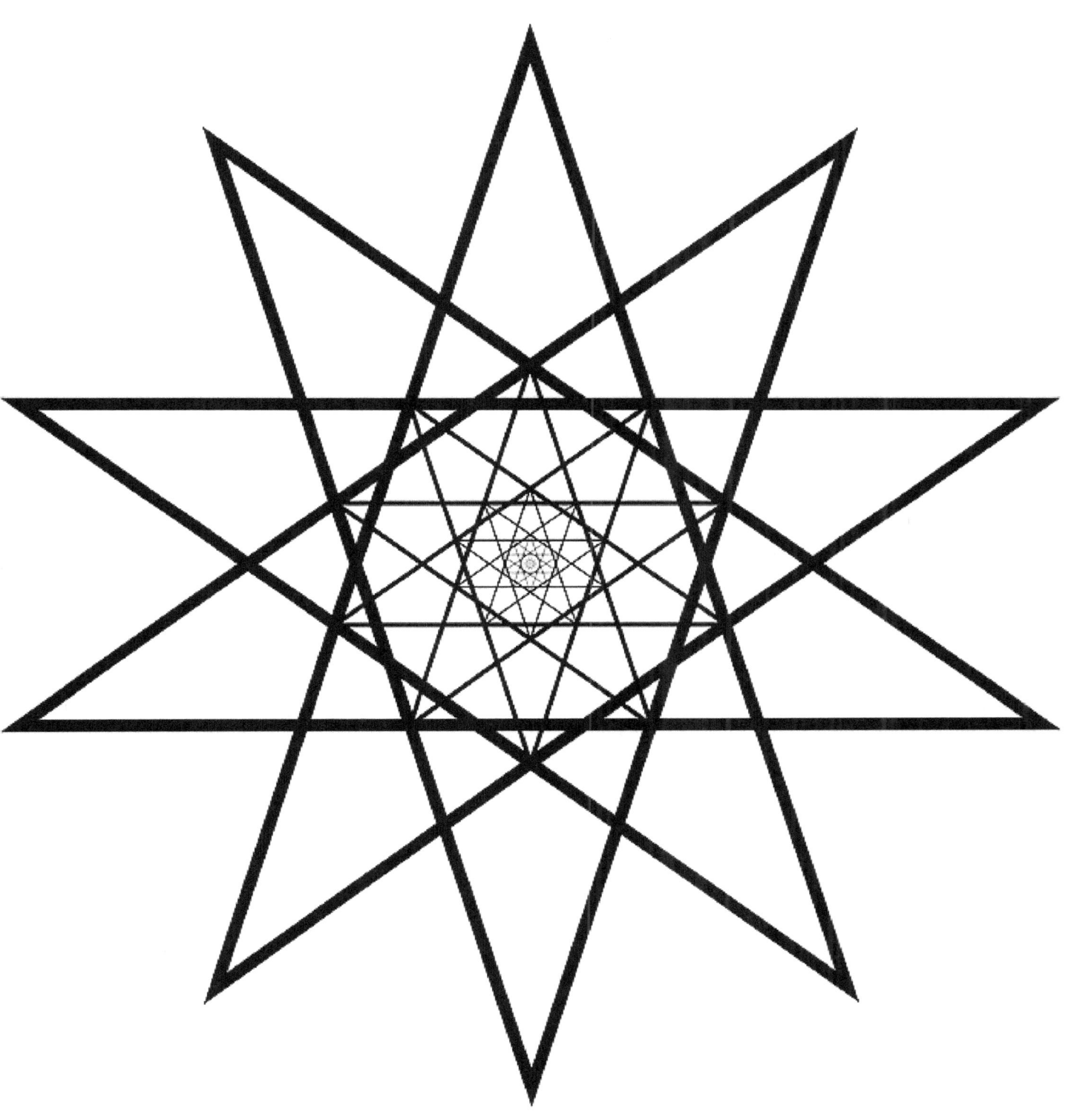

Geometría Sagrada y Sólidos Platónicos Libro para Colorear

Actividad 14: Gotas de lluvia

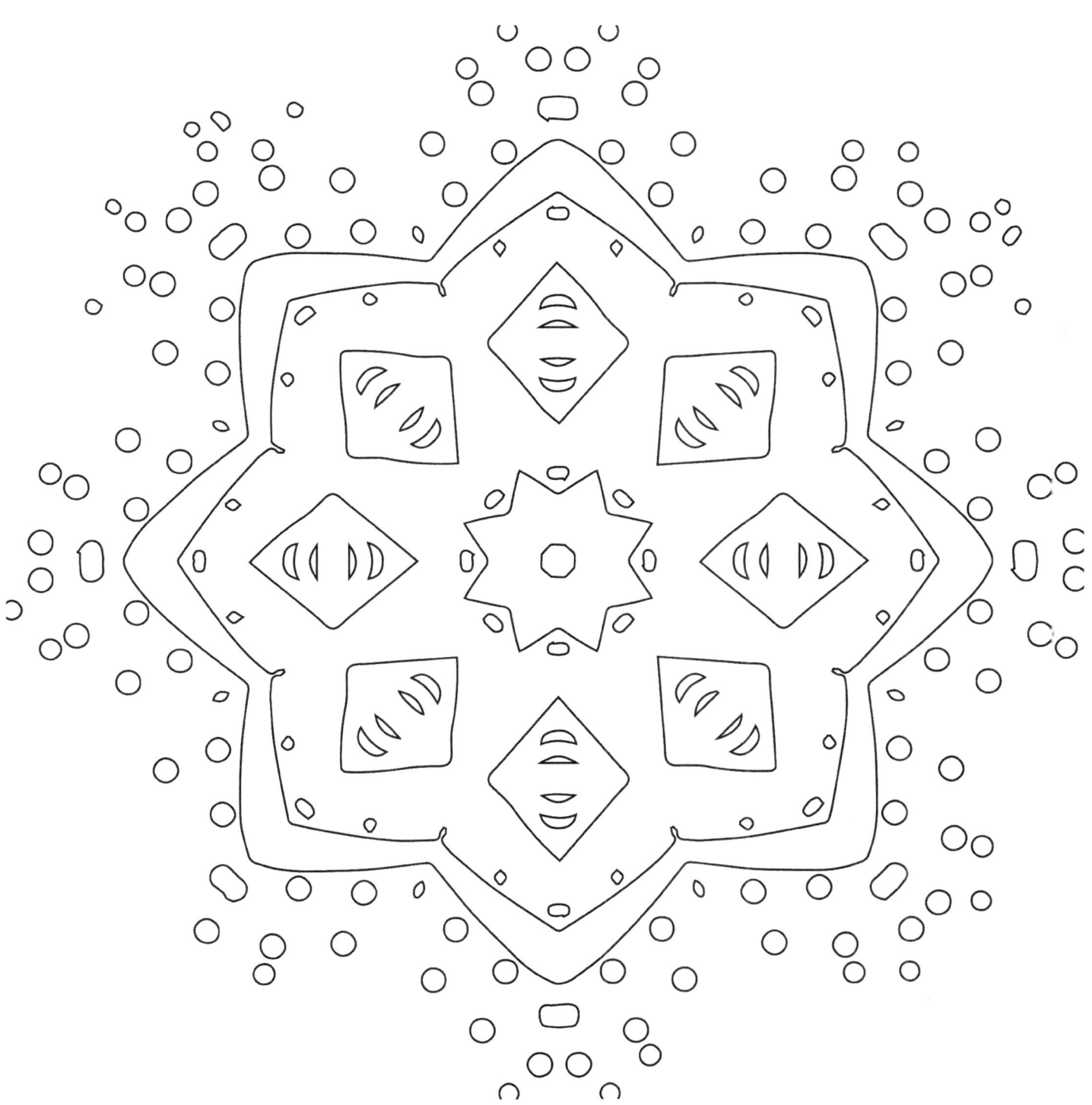

Actividad 15: Rothman

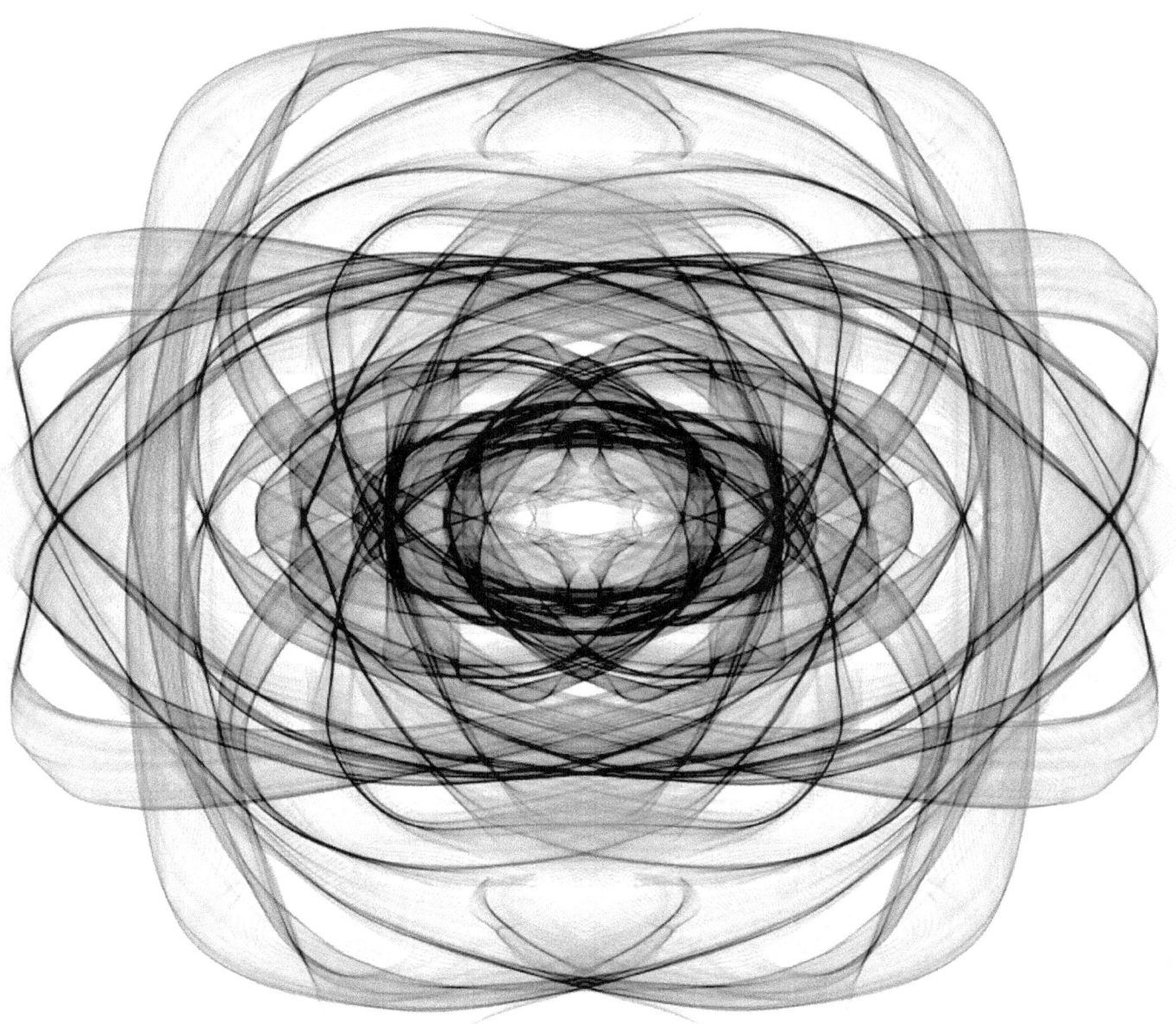

Actividad 16: Círculos

Actividad 16: Círculos

Actividad 17: Exhiben A

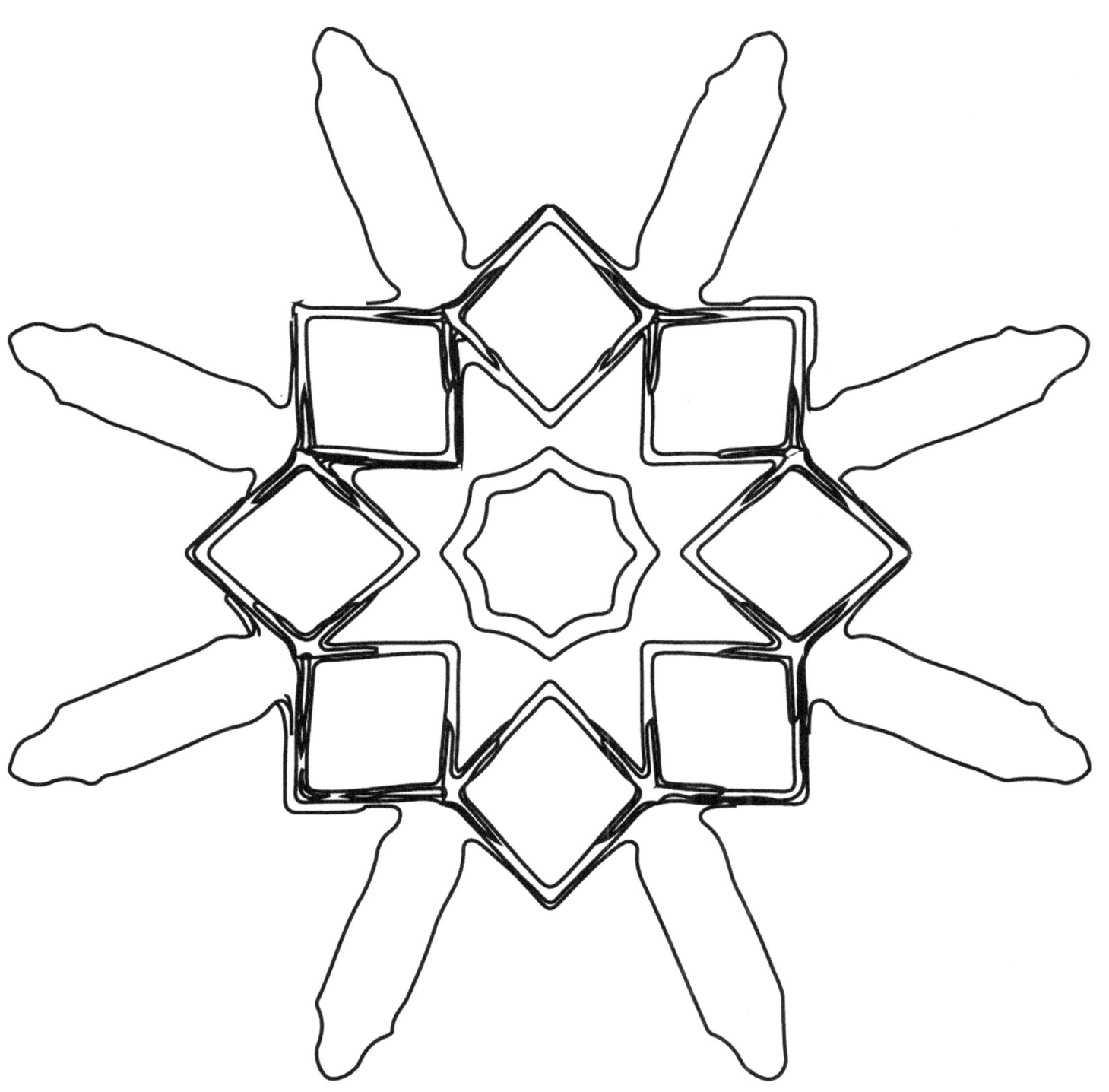

Actividad 18: Este & Oeste

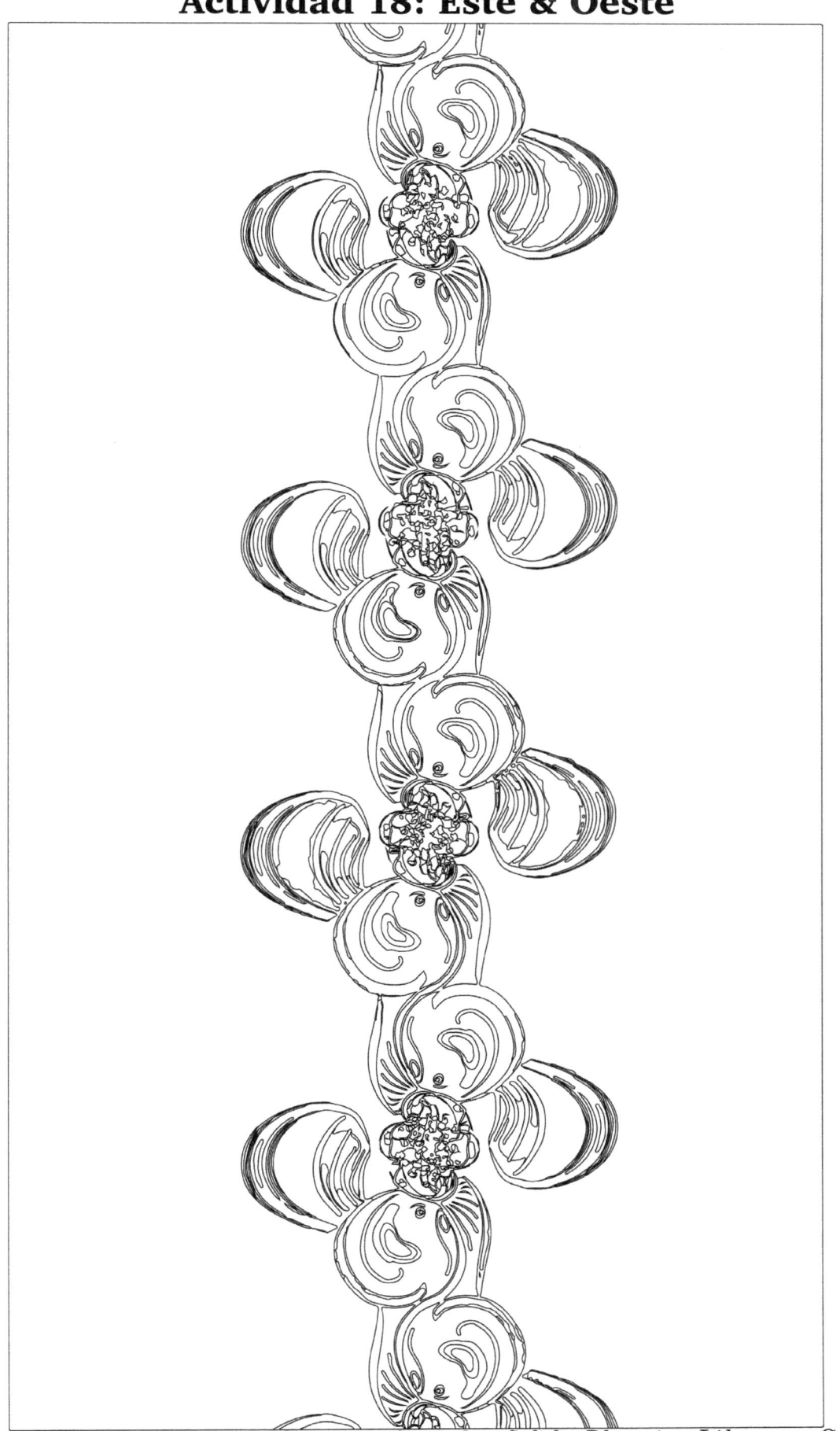

Actividad 19: La Palabra

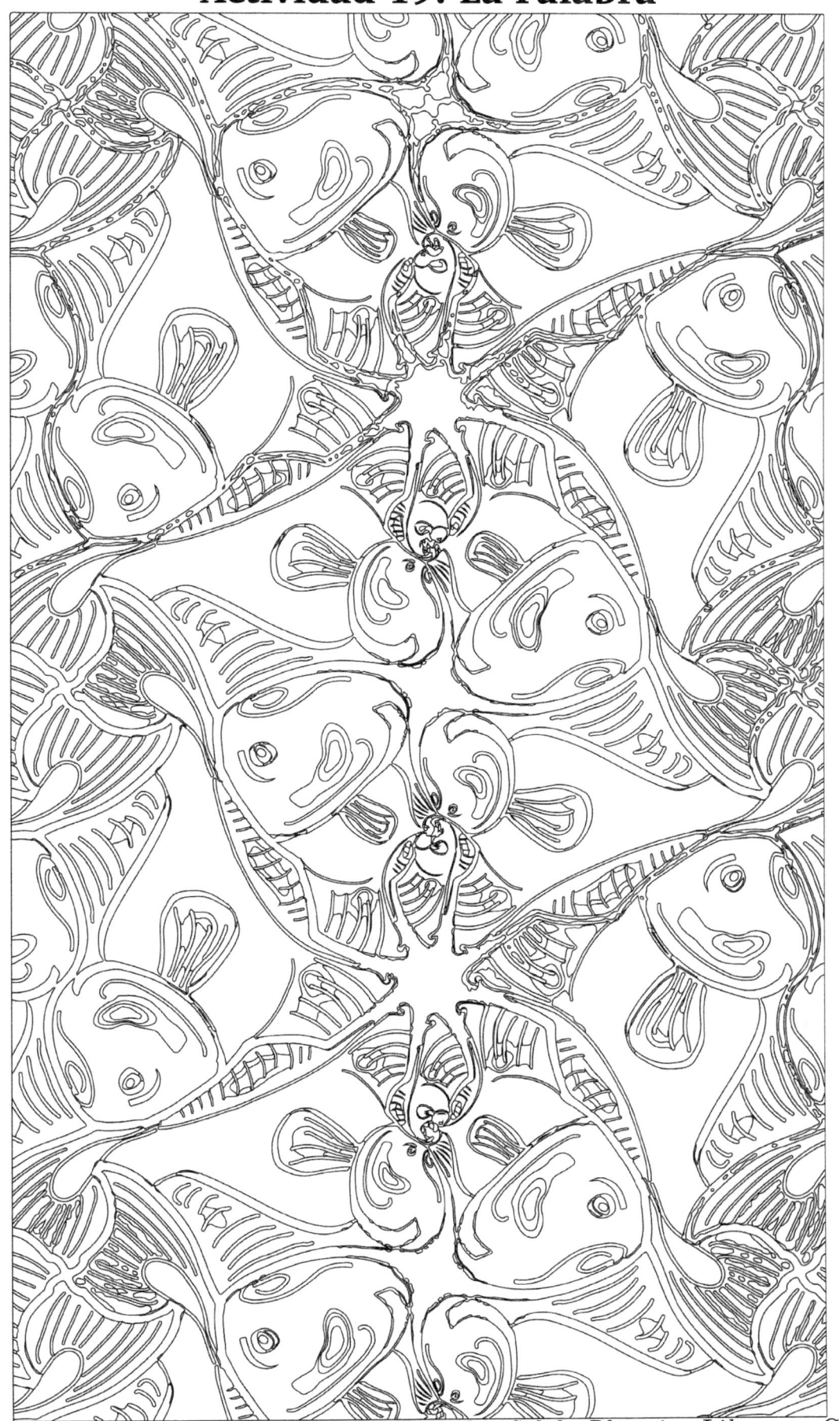

Actividad 20: Electrizante

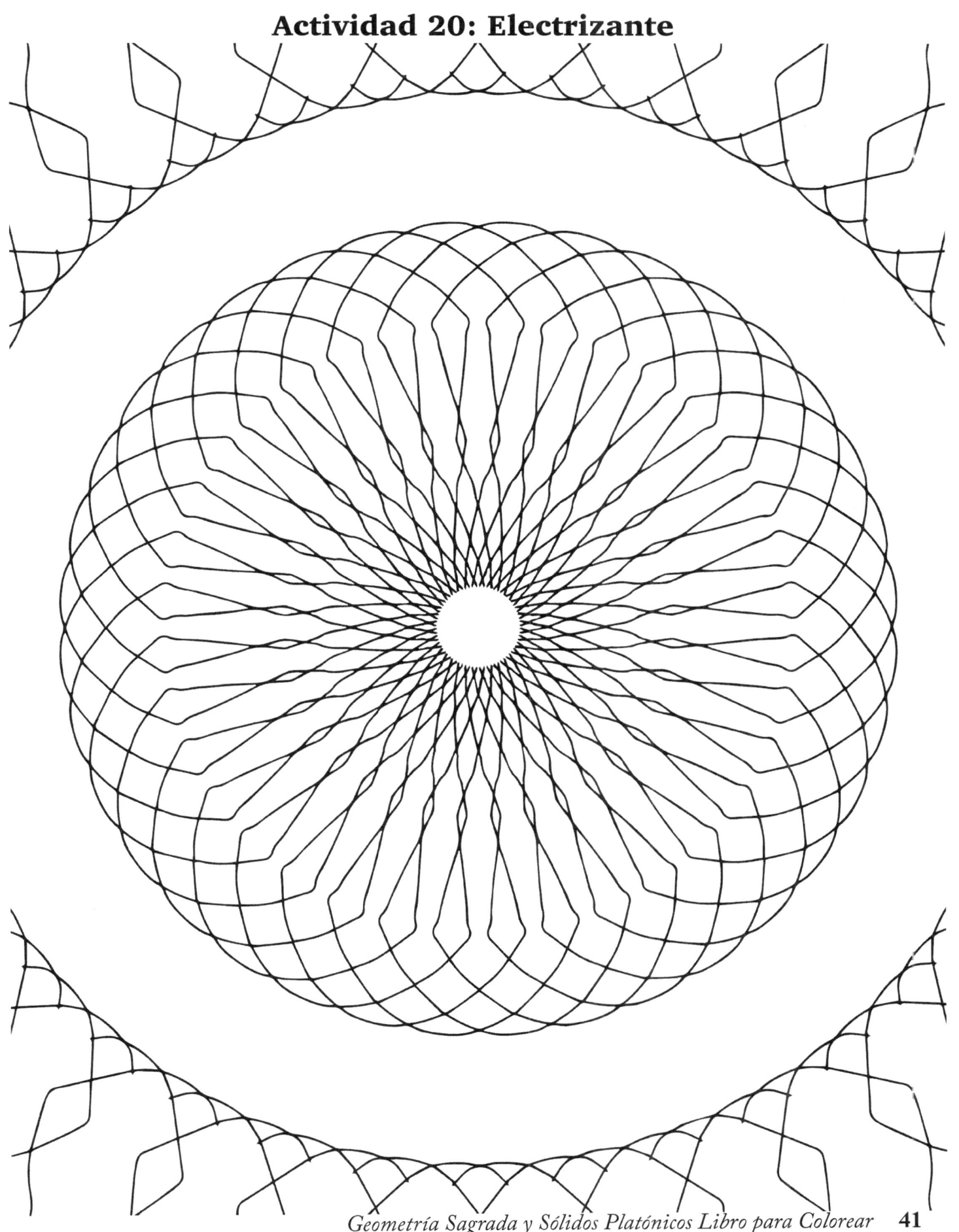

Geometría Sagrada y Sólidos Platónicos Libro para Colorear

Actividad 21: Desconocido

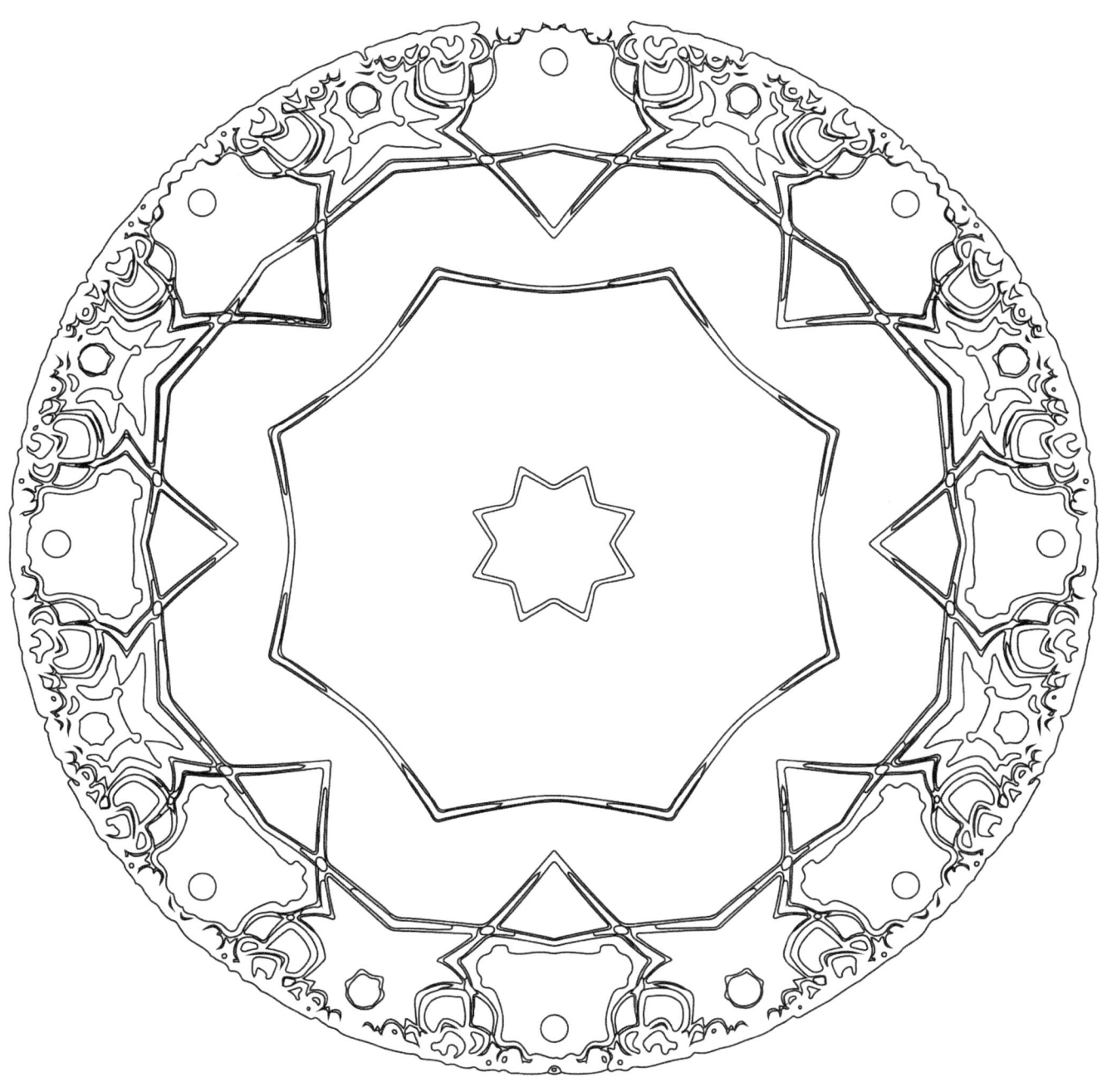

Actividad 21: Desconocido

Actividad 22: La Ley de la Multiplicicion

Actividad 22: La Ley de la Multiplicicion

Actividad 23: La Ciudad de Ba

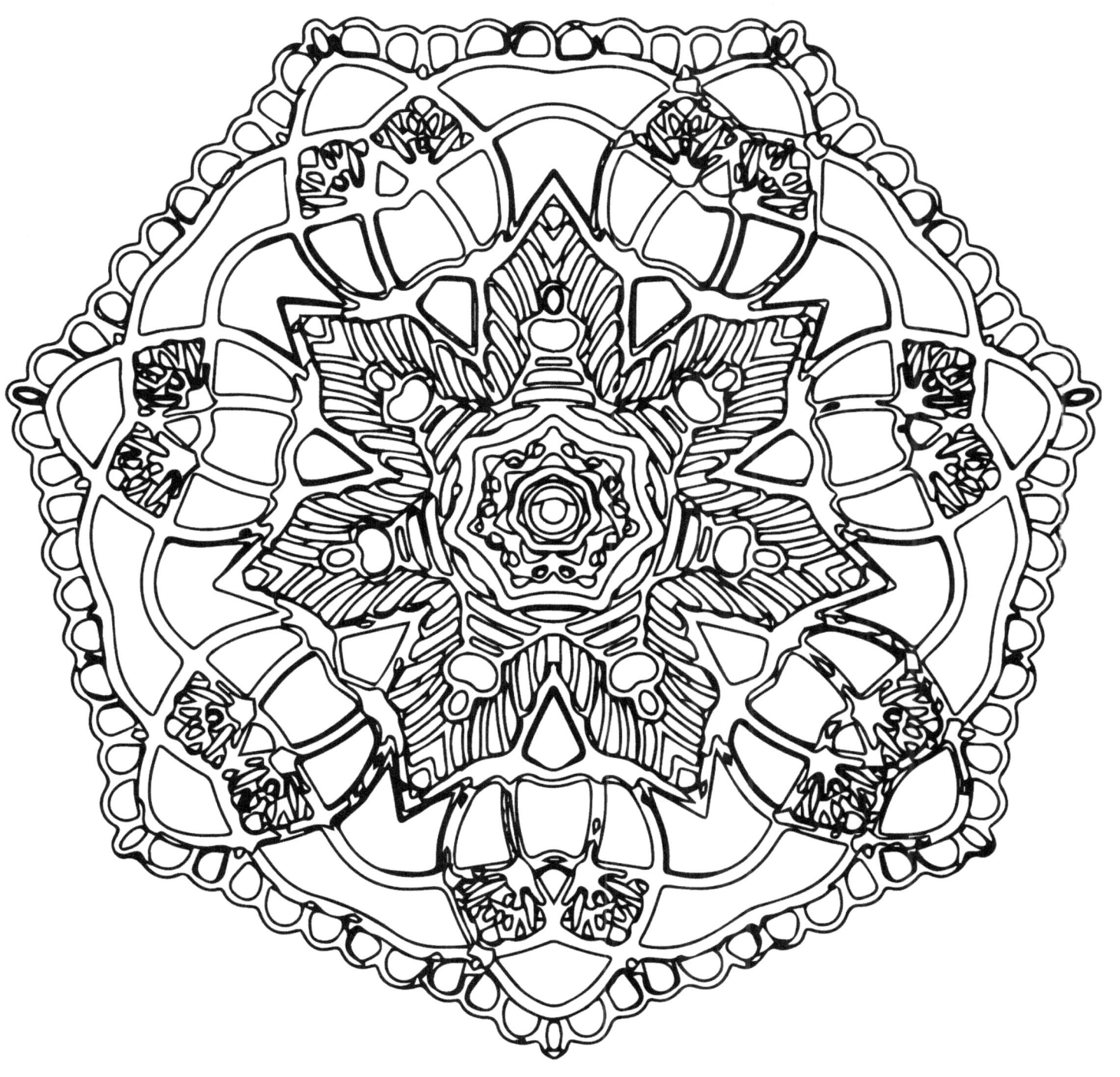

Geometría Sagrada y Sólidos Platónicos Libro para Colorear

Actividad 23: La Ciudad de Ba

Actividad 24: Mathematica

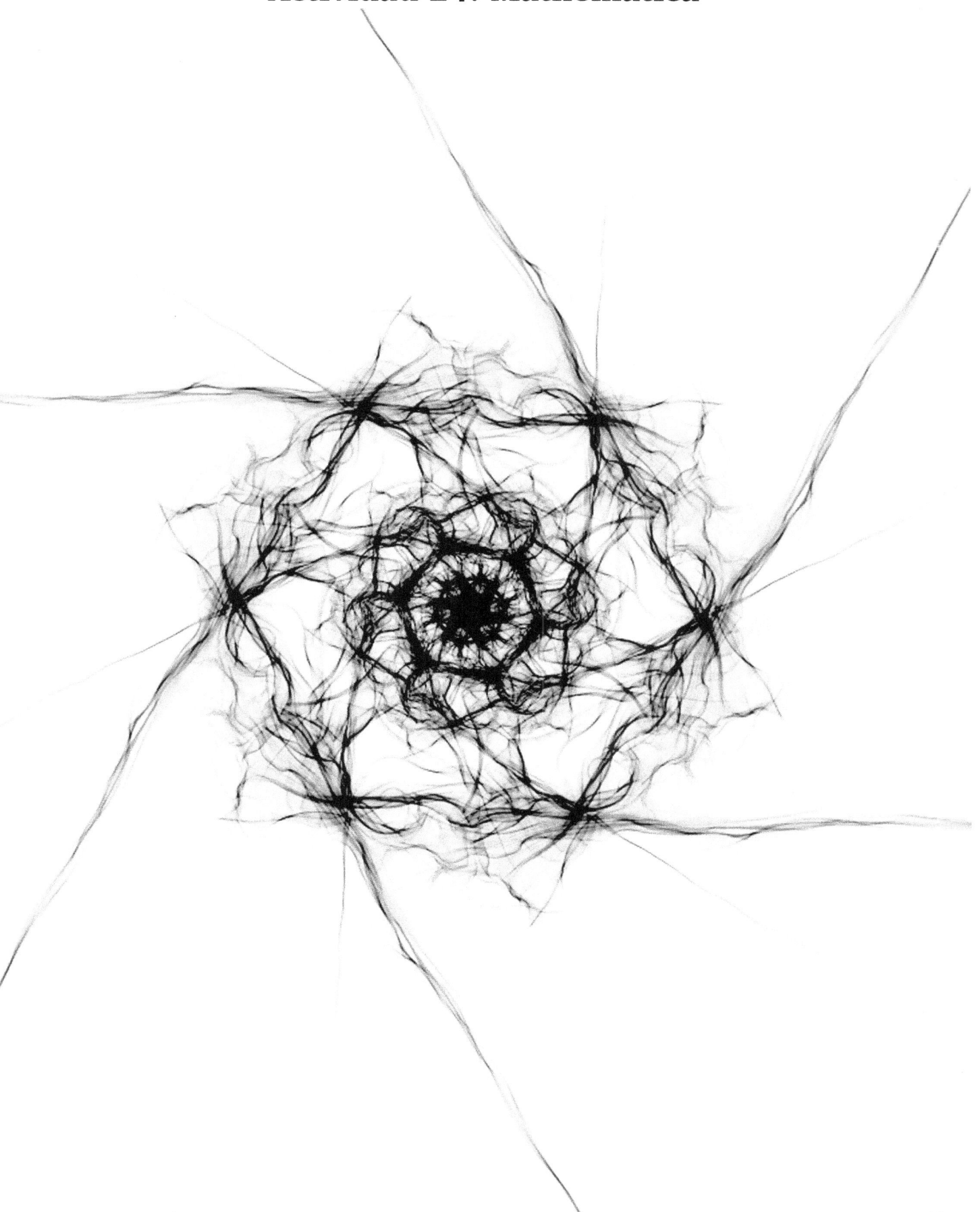

Actividad 25: Teoría Unificada

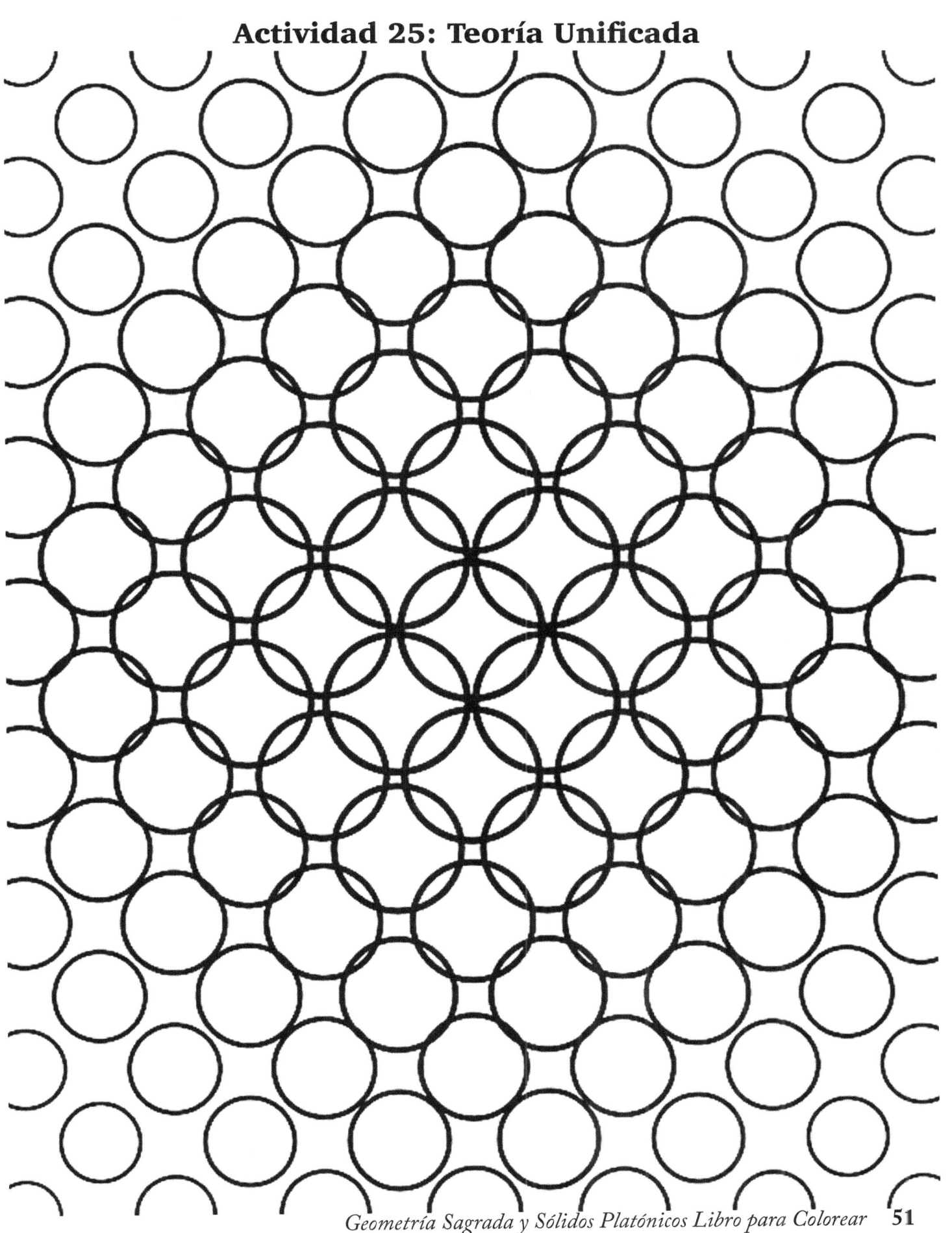

Geometría Sagrada y Sólidos Platónicos Libro para Colorear

Actividad 26: Creación

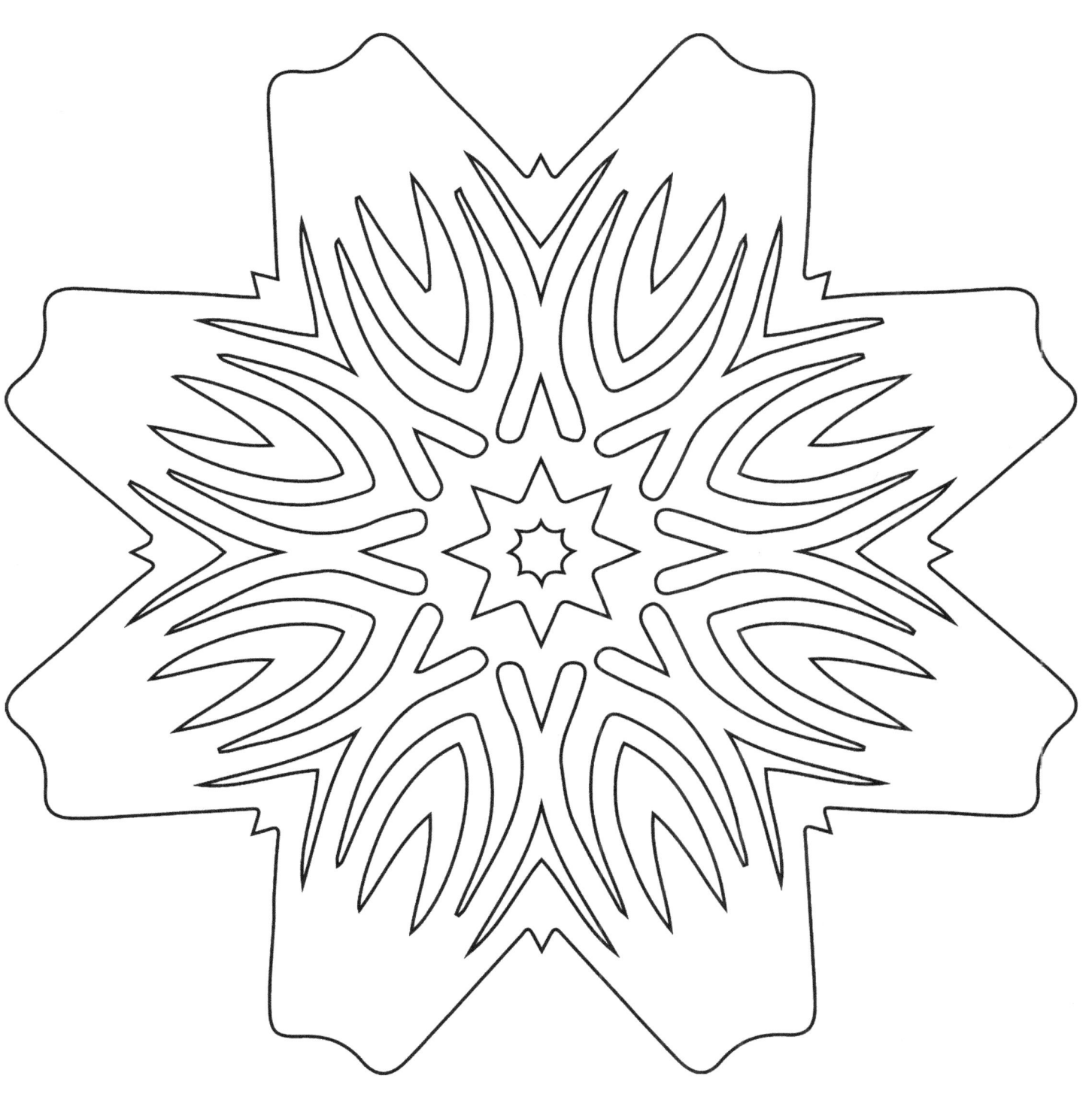

Actividad 26: Creación

Actividad 27: Infinito

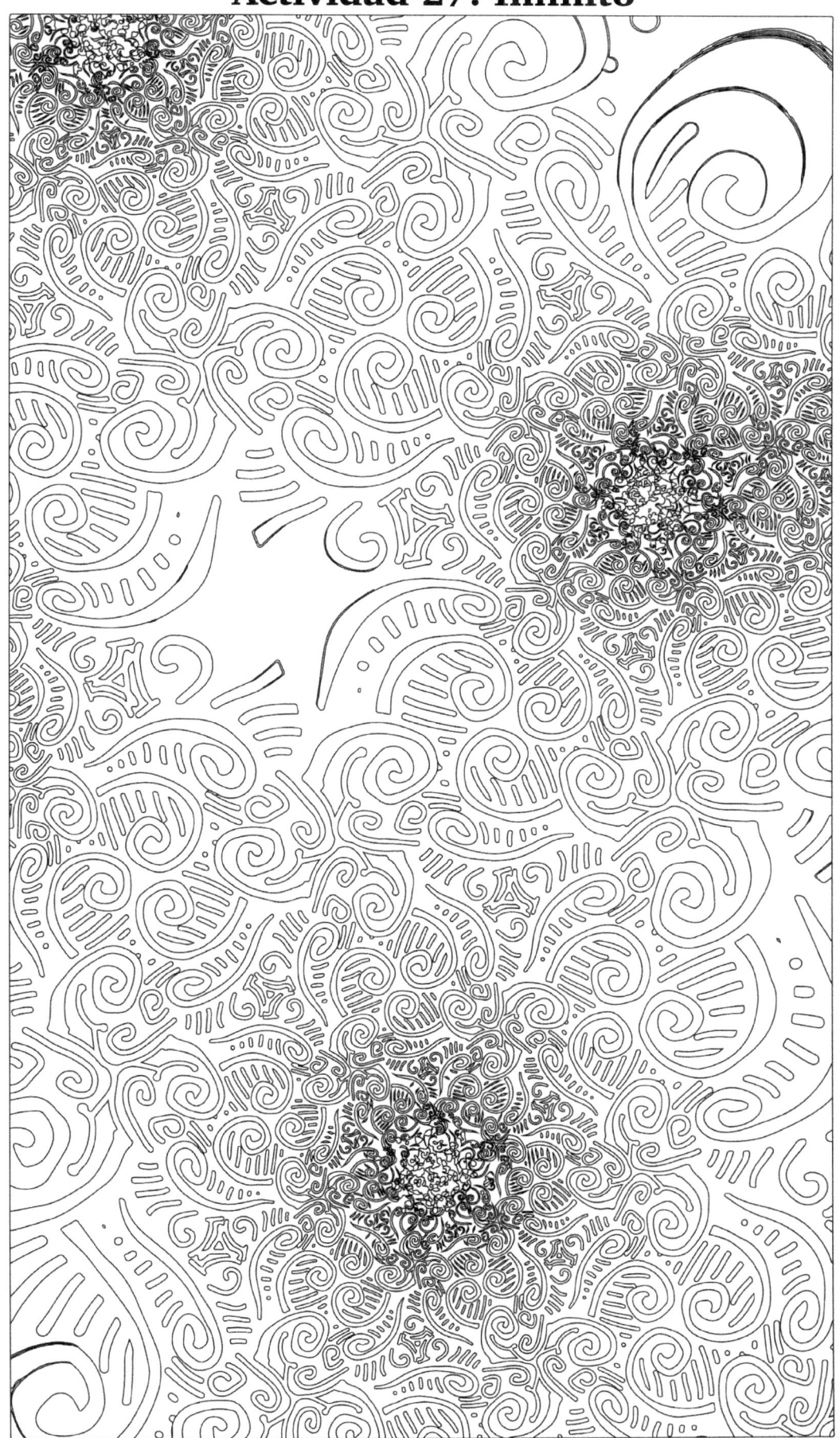

Actividad 27: Infinito

Actividad 28: Ciudad de Nago

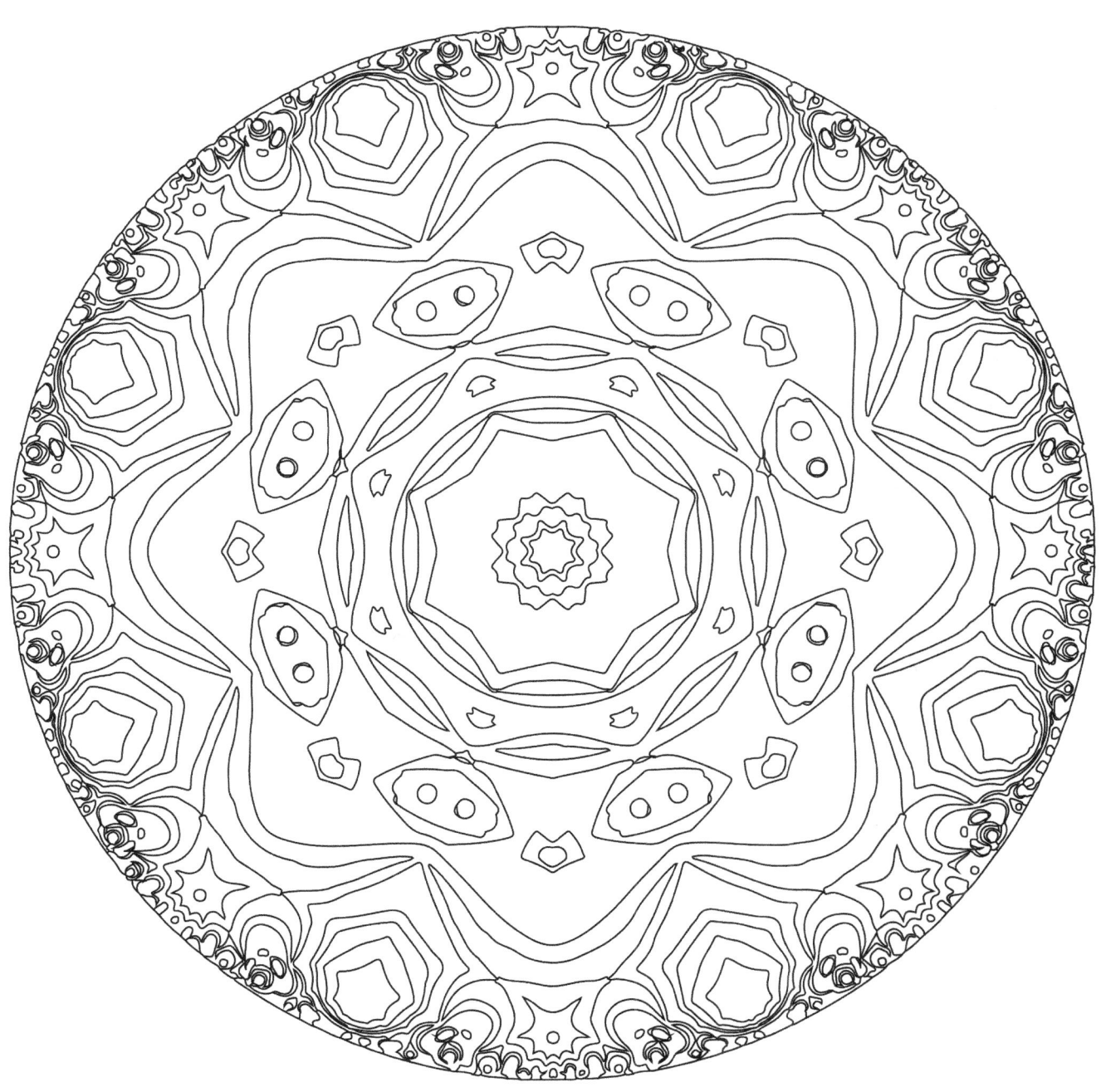

Actividad 29: Foccina

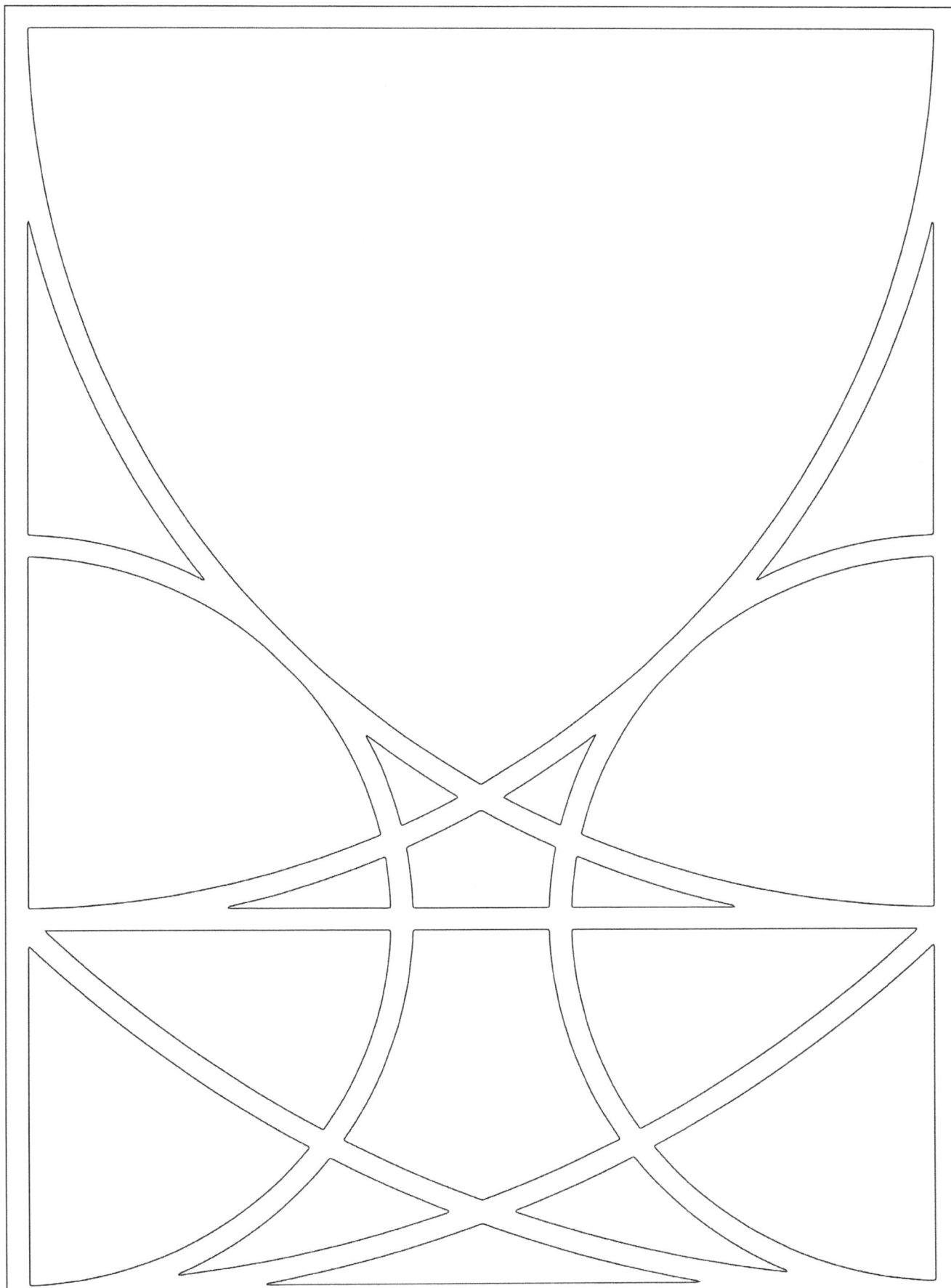

Actividad 29: Foccina

Actividad 30: Anatema

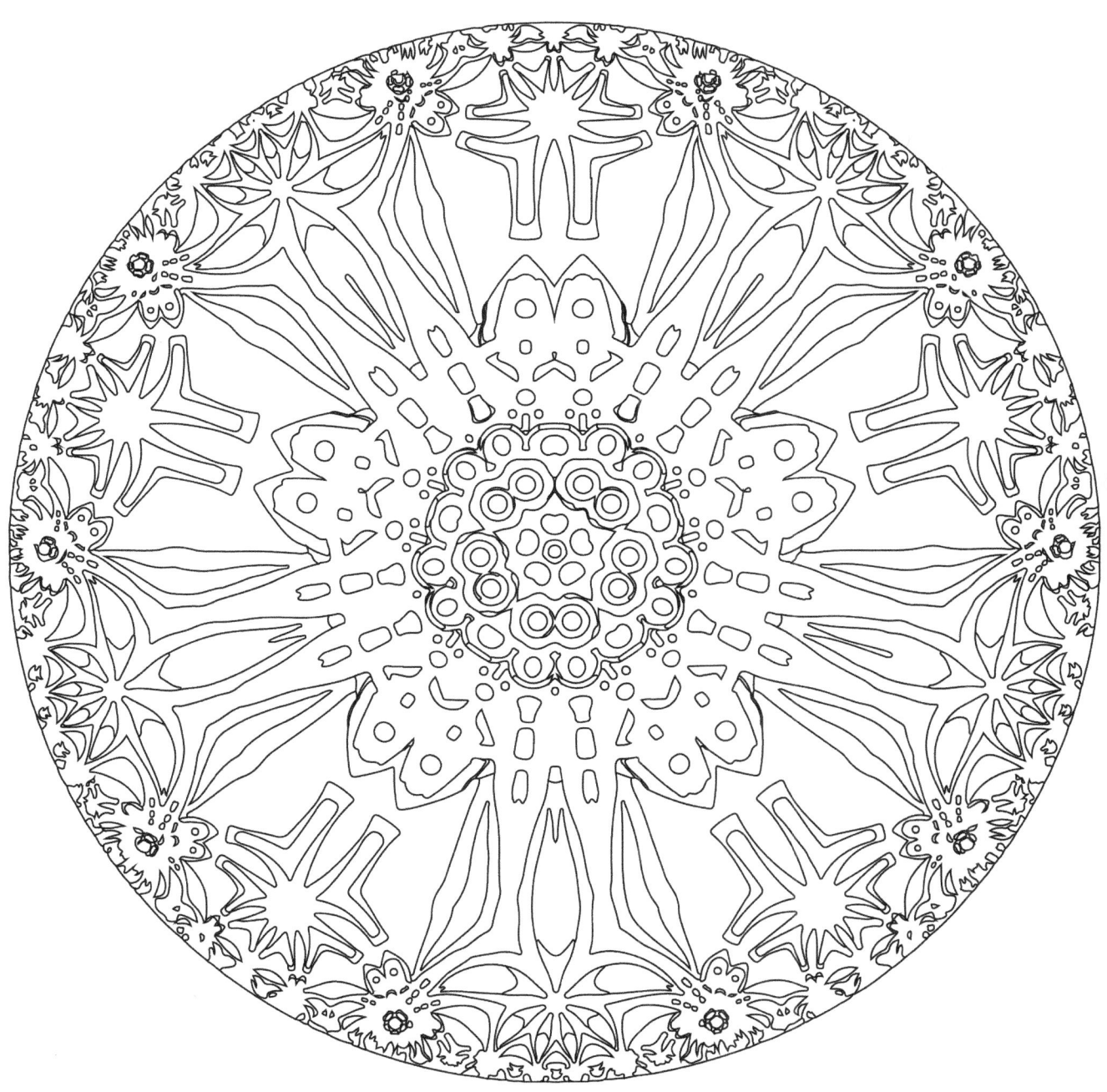

Actividad 31: Panarion

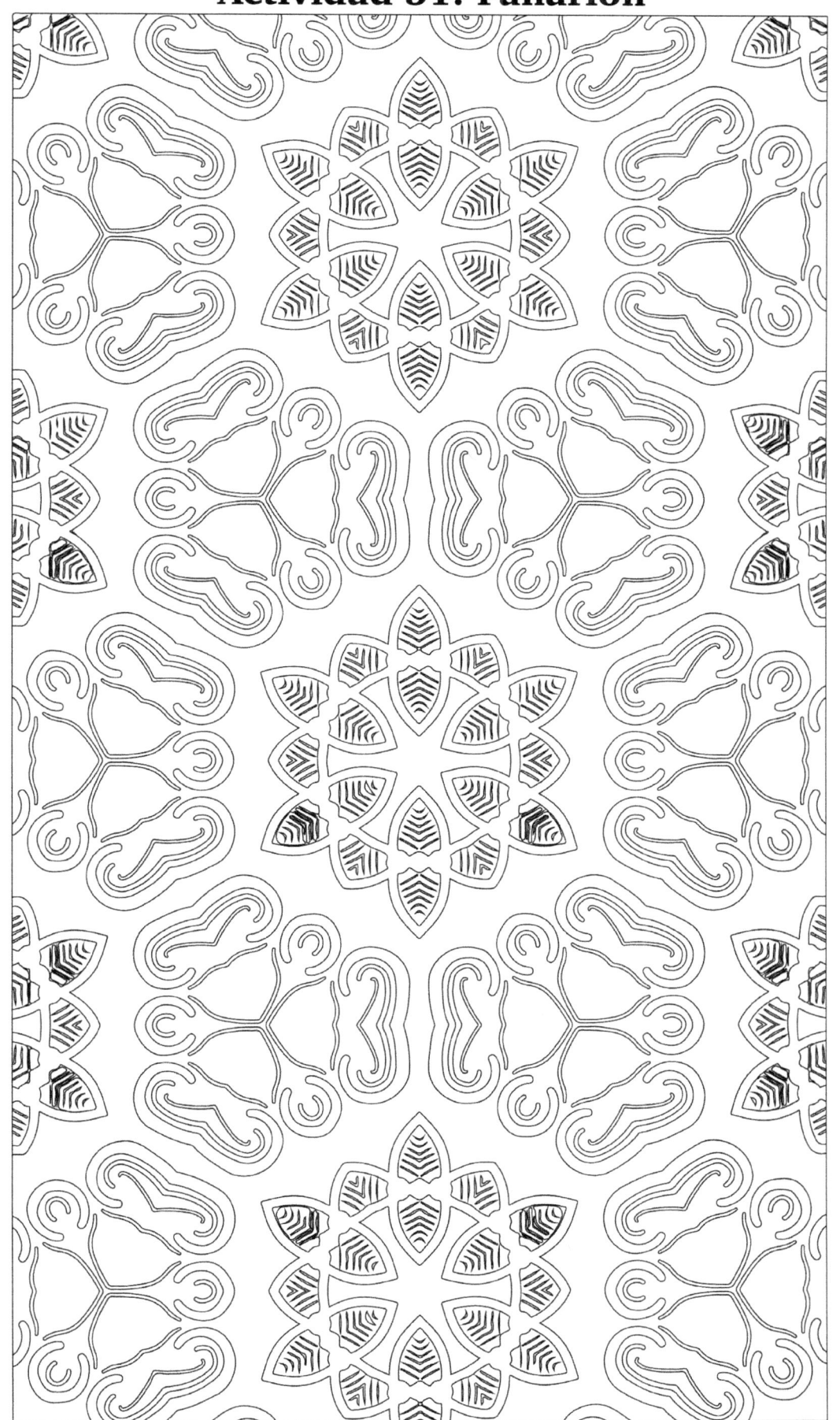

Actividad 32: Fido

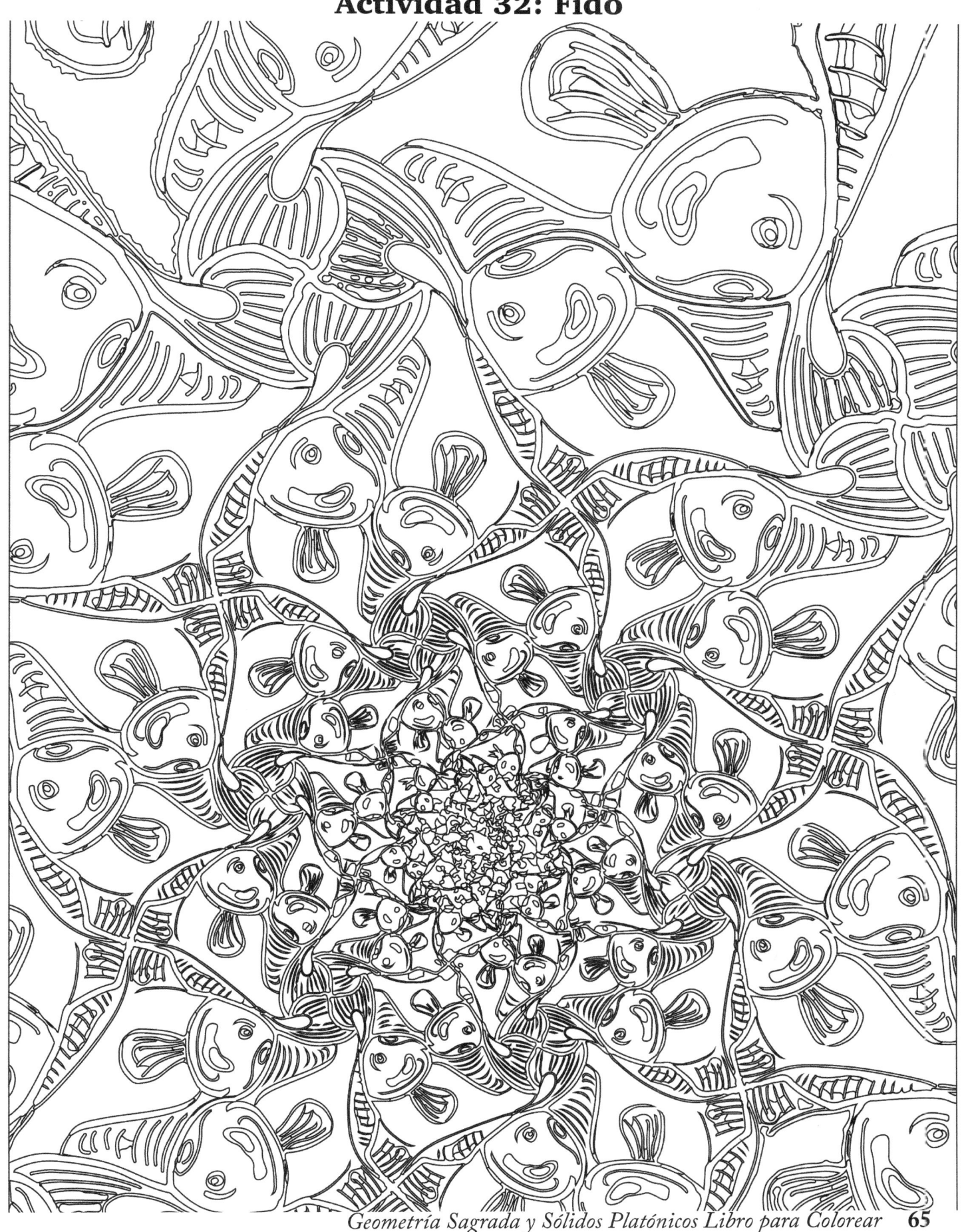

Actividad 33: Mágico

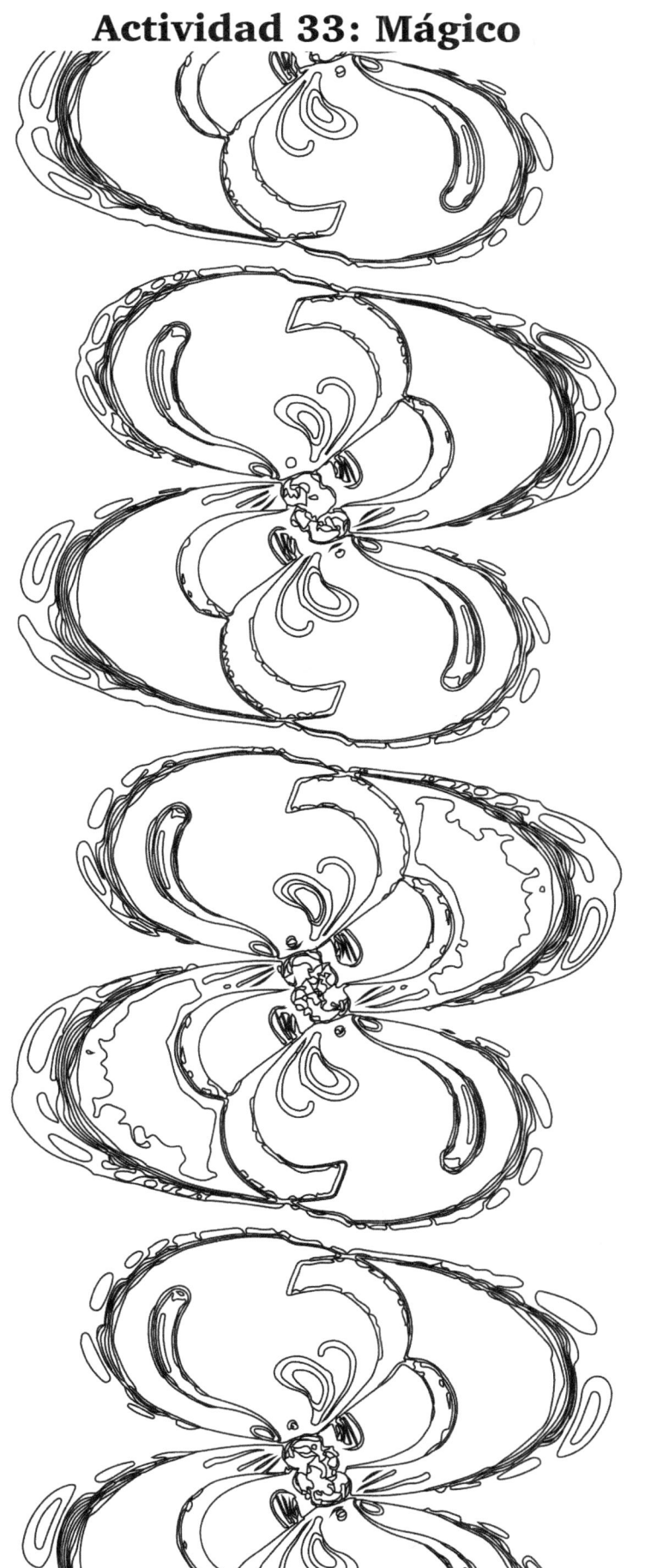

Actividad 34: El Secreto

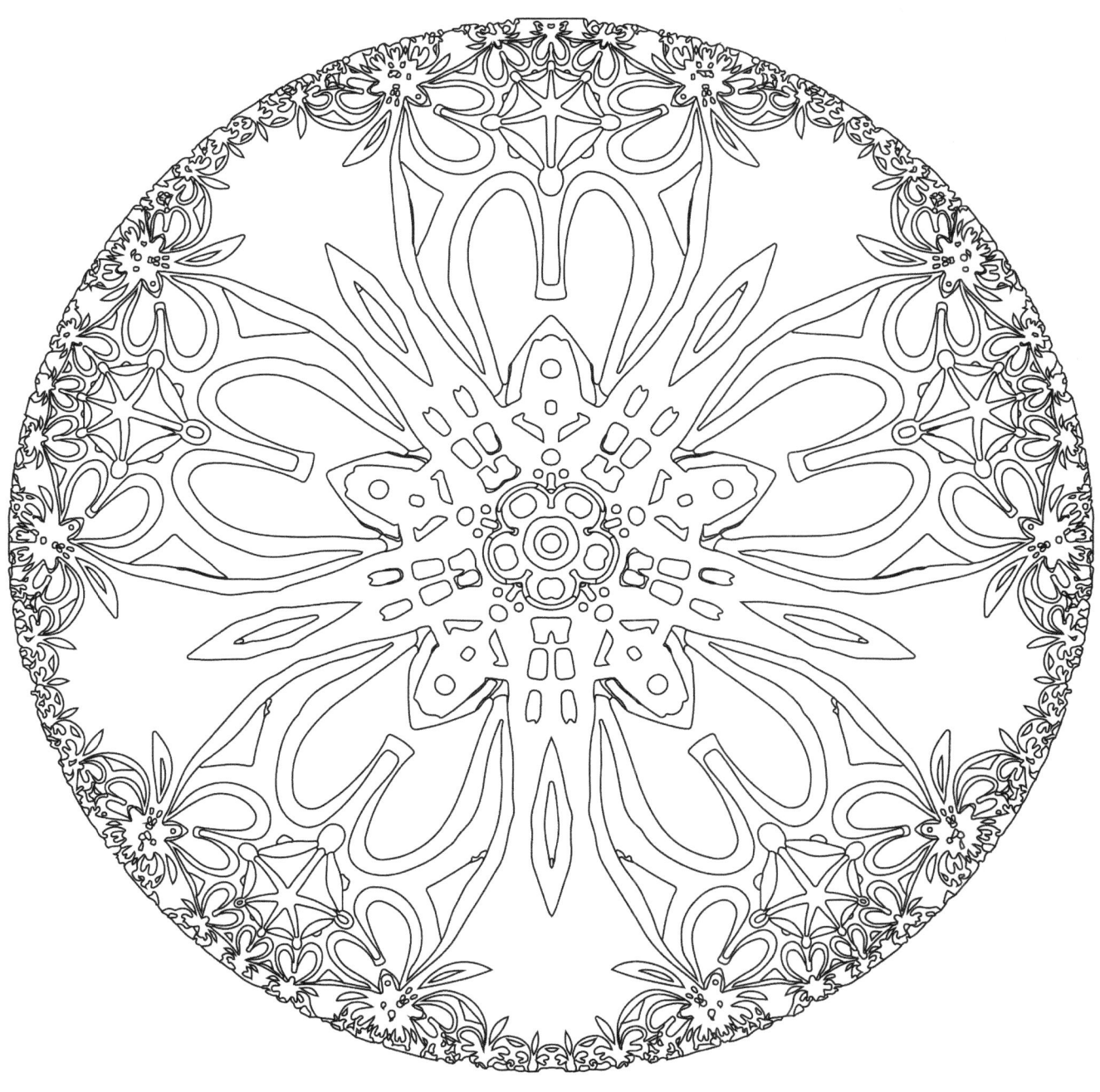

Actividad 34: El Secreto

Actividad 35: Espadas

Geometría Sagrada y Sólidos Platónicos Libro para Colorear

Actividad 35: Espadas

Actividad 36: La Clave Secreta

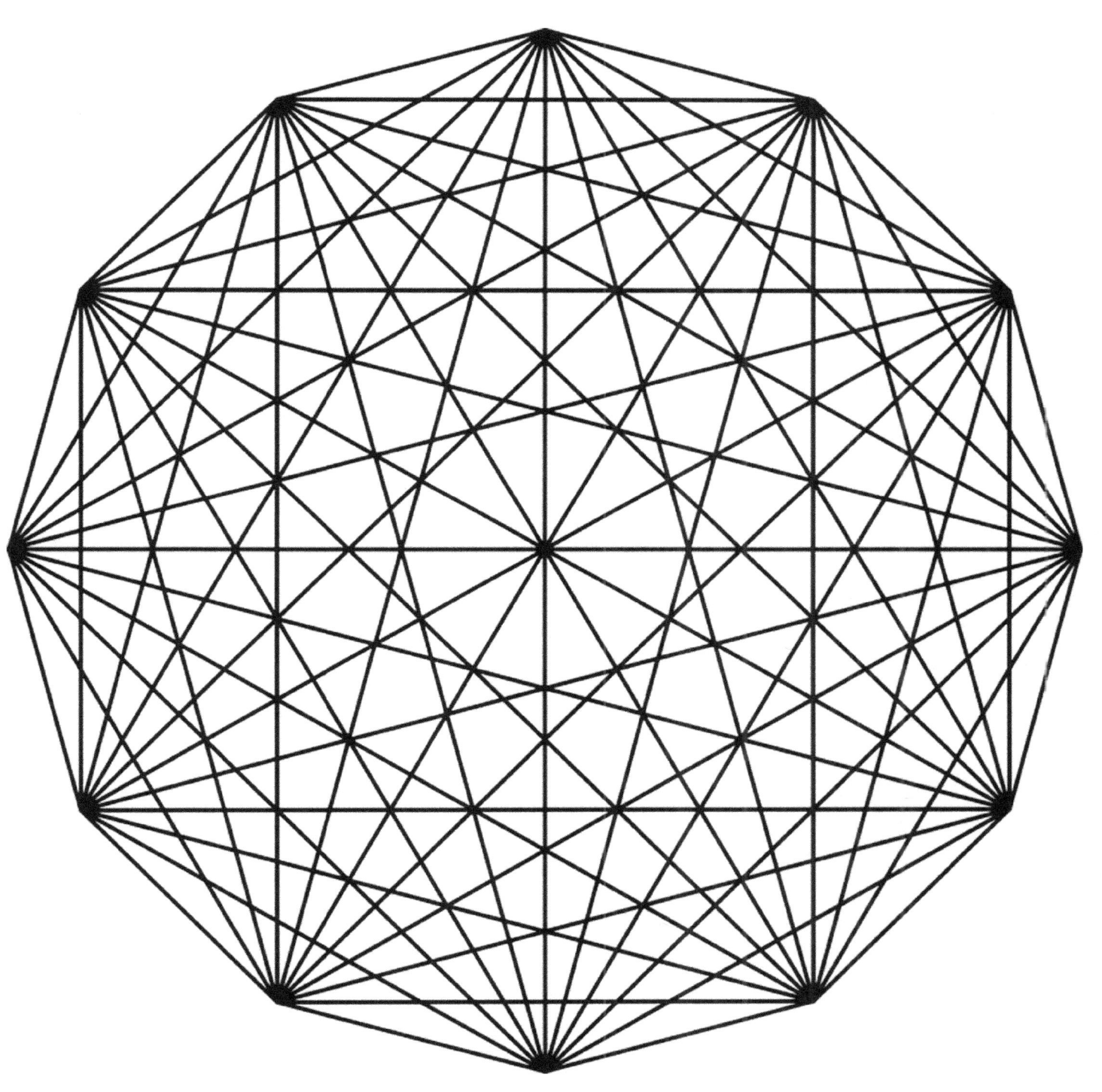

Geometría Sagrada y Sólidos Platónicos Libro para Colorear

Actividad 37: La Yarda de la Corte

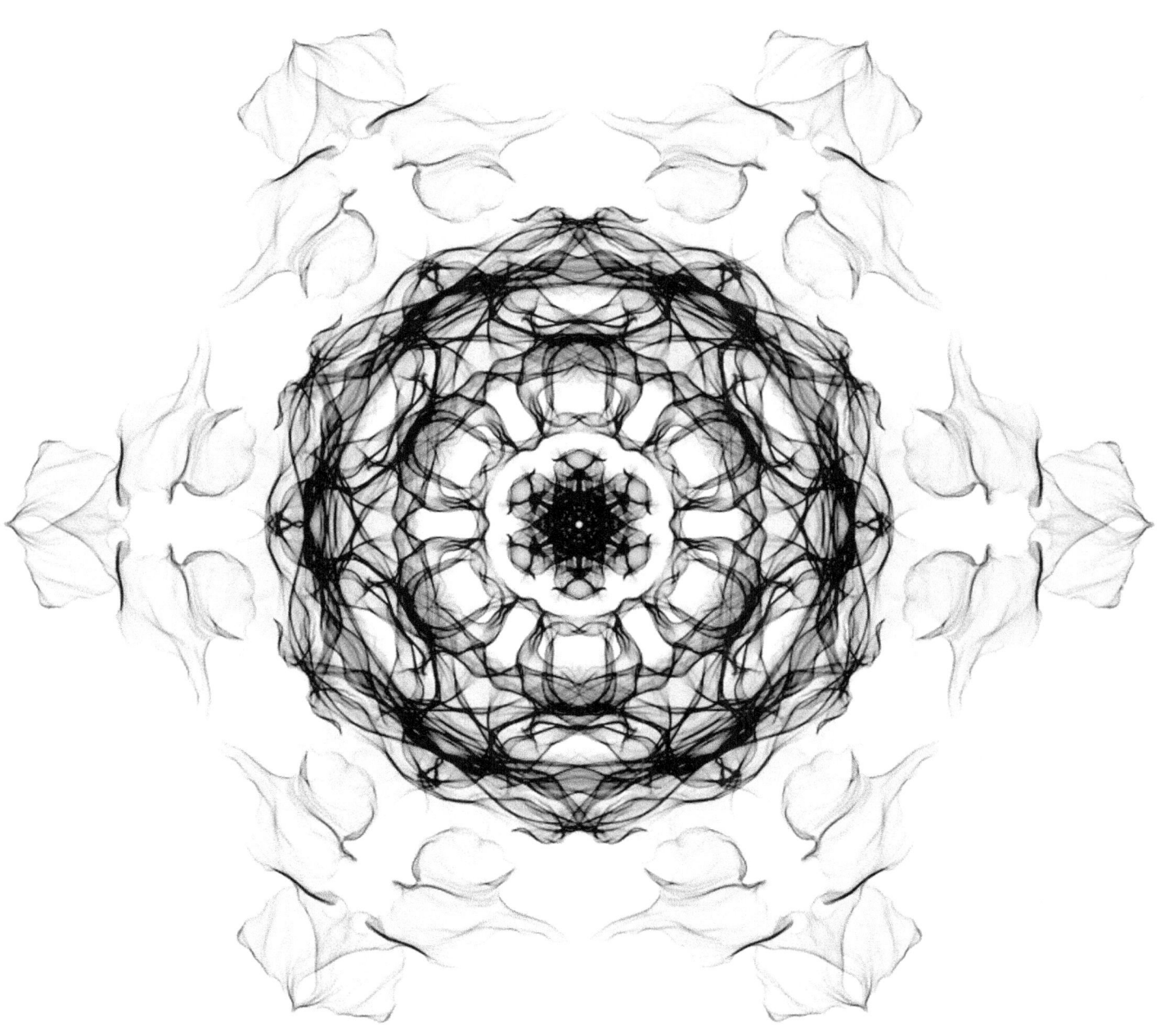

Actividad 37: La Yarda de la Corte

Actividad 38: Una flor Adentro

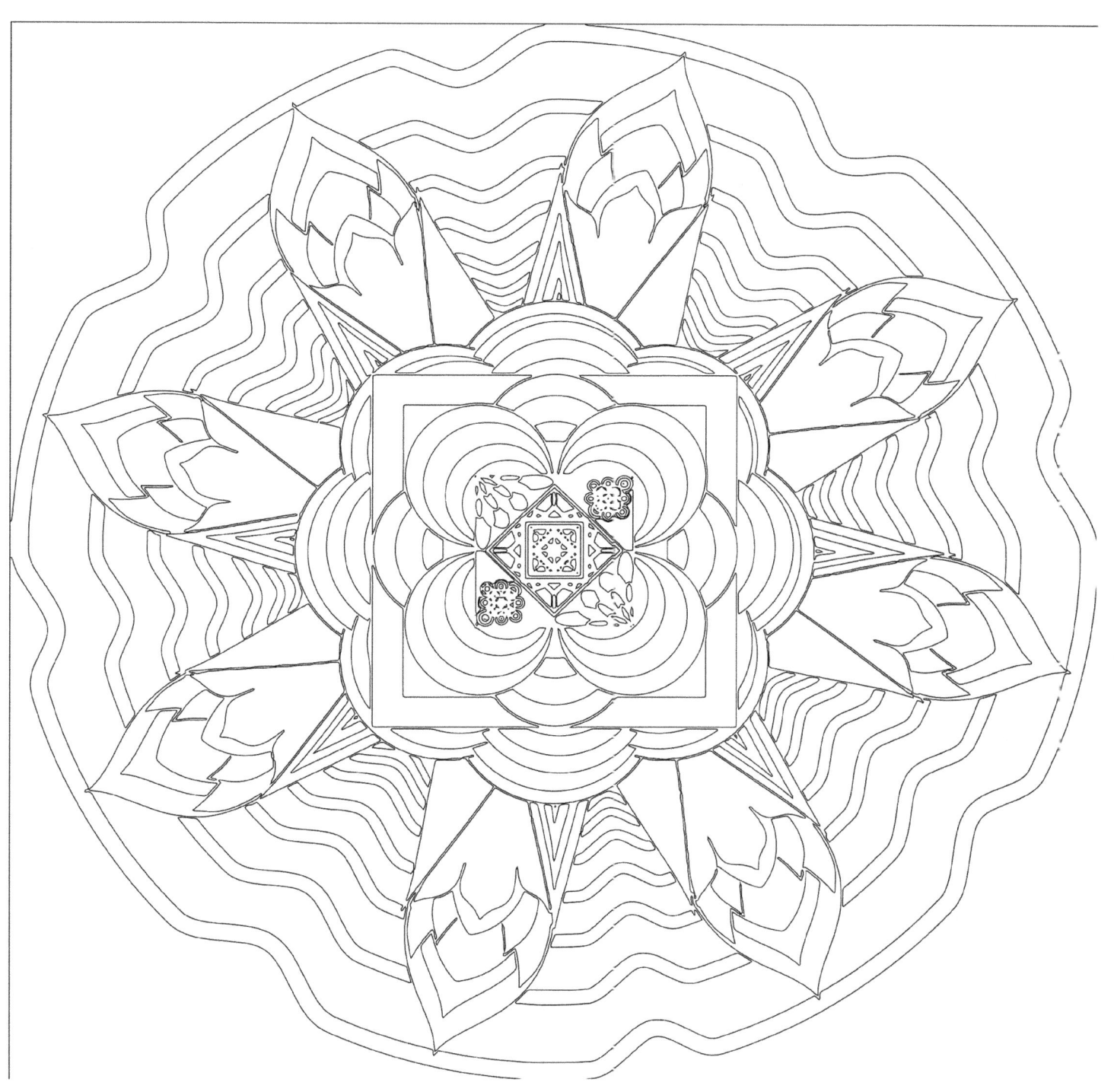

Actividad 38: Una flor Adentro

Actividad 39: Plazas

Actividad 40: Doctrina Secreta

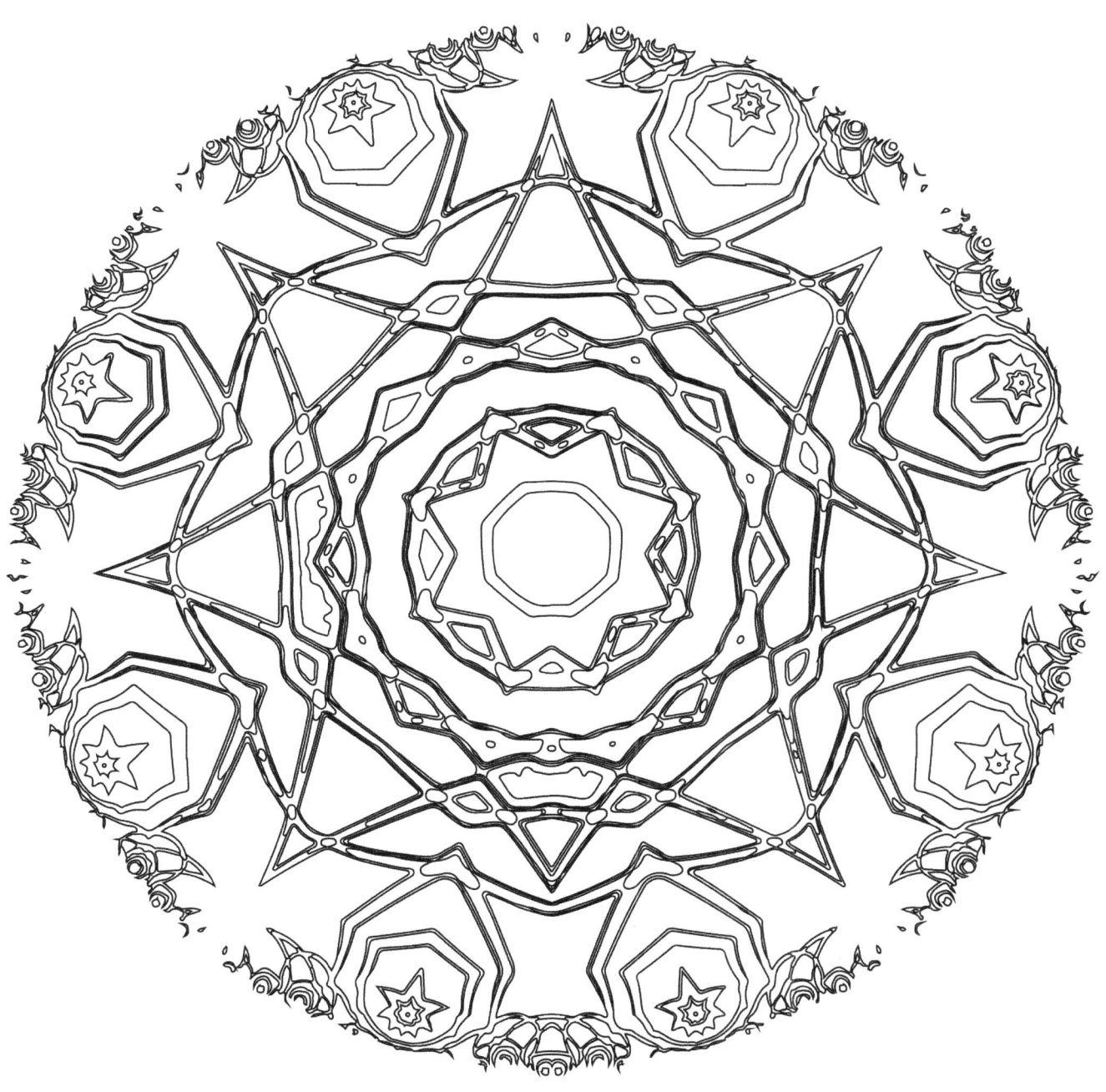

Actividad 41: Trinosophie

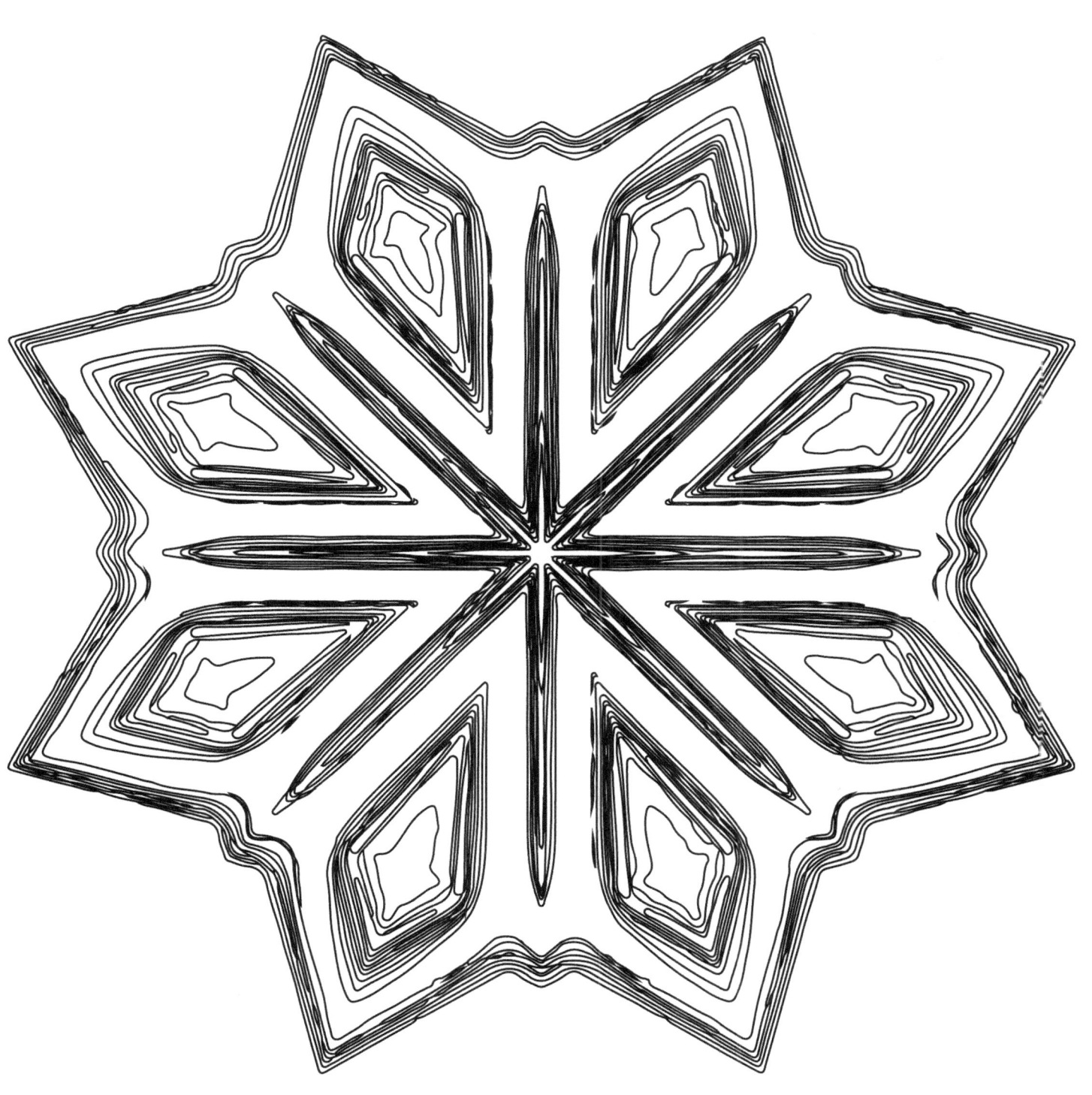

Actividad 41: Trinosophie

Actividad 42: Tron

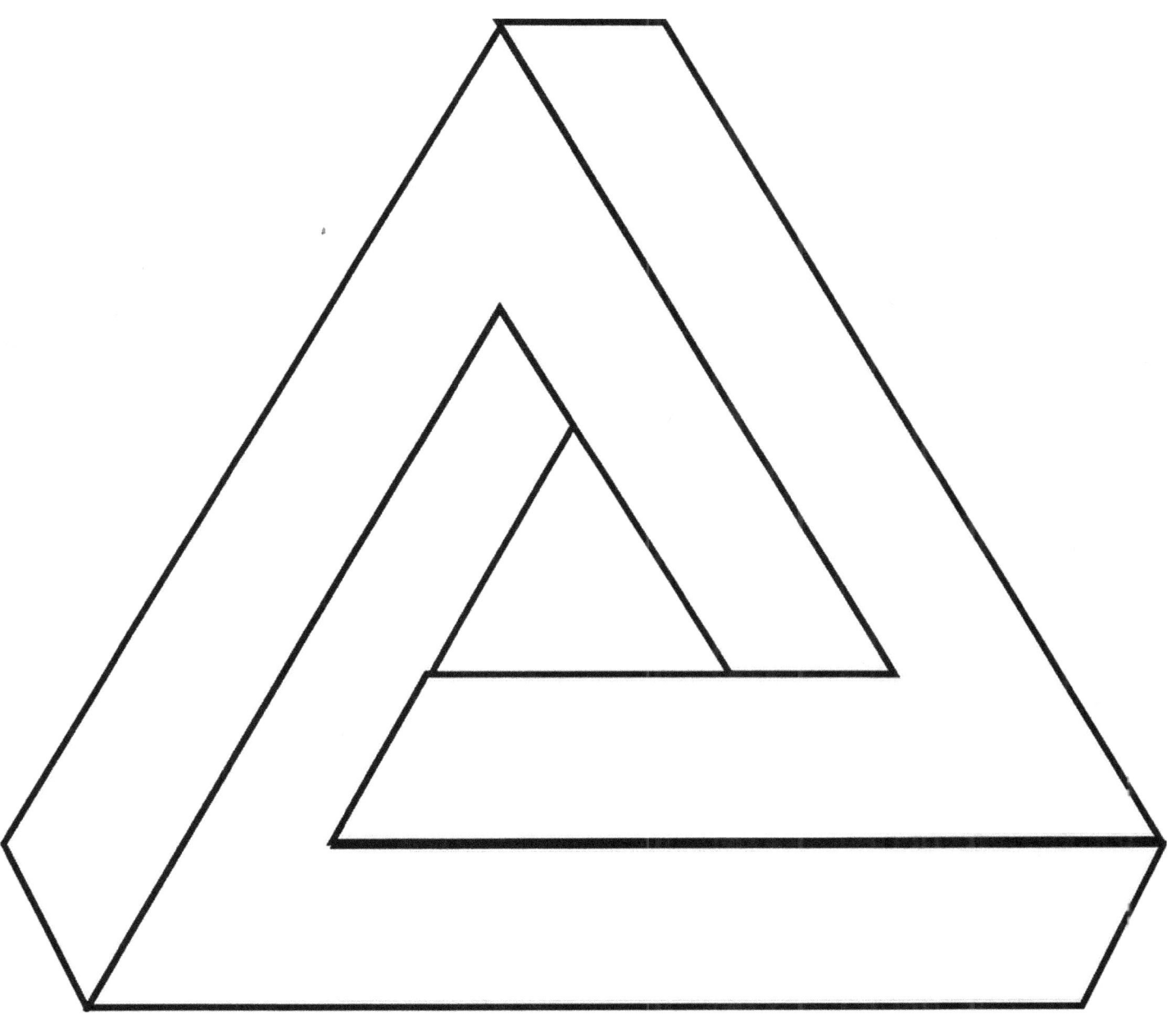

Actividad 43: Espinas

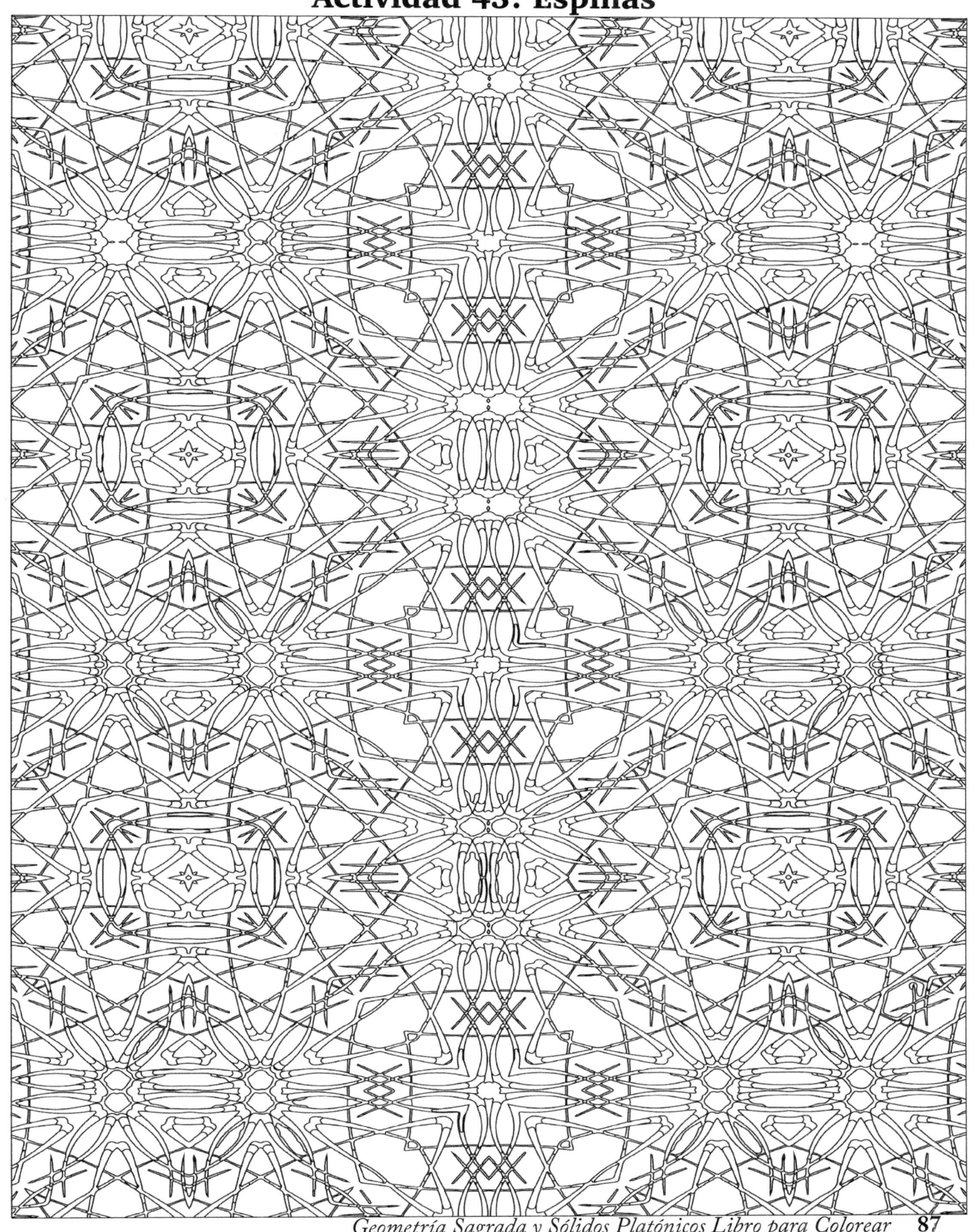

Actividad 44: Fuego Blanco

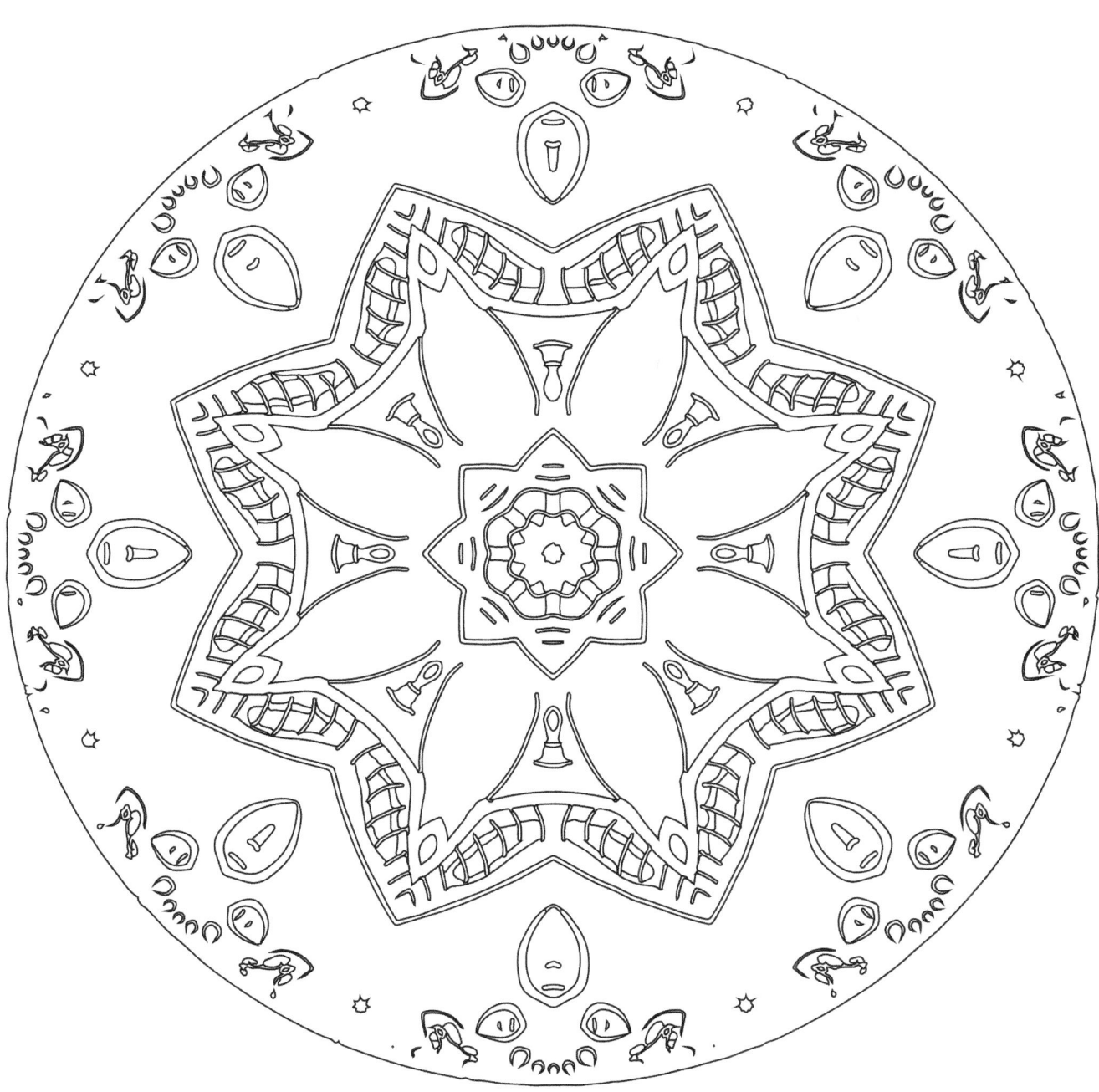

Actividad 44: Fuego Blanco

Actividad 45: Tor

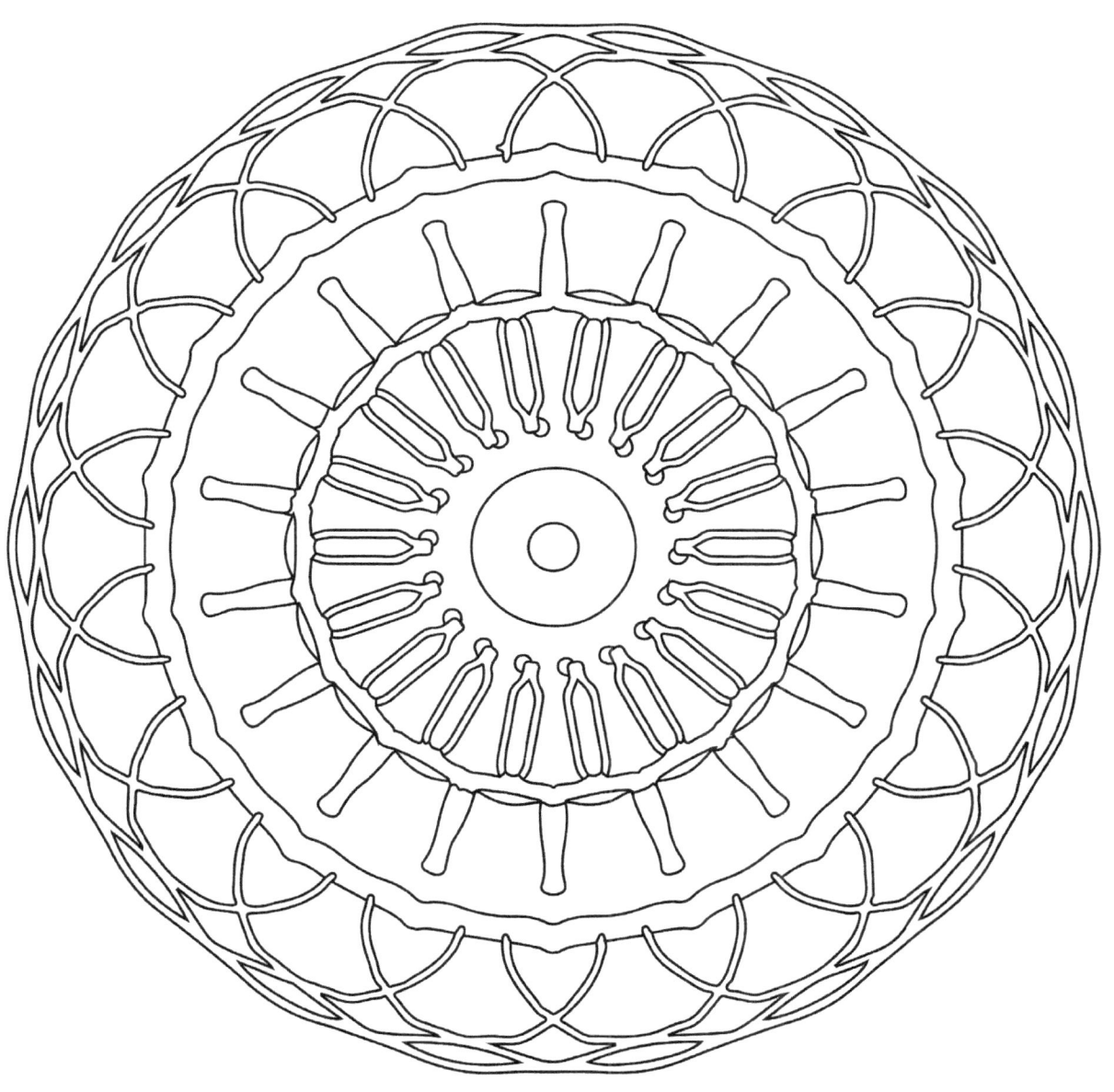

Actividad 45: Tor

Actividad 46: El Sol

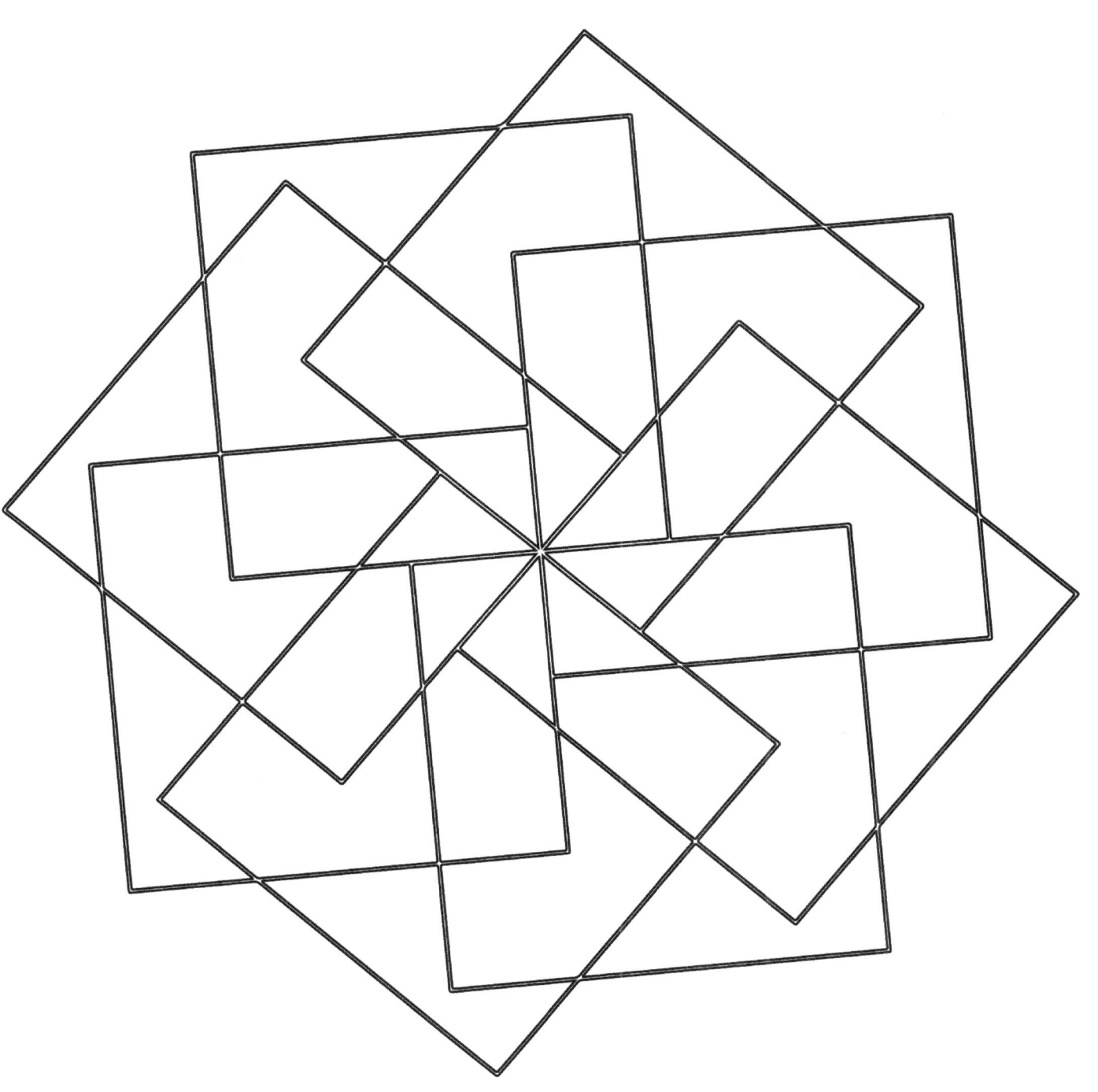

Actividad 47: Pulpo

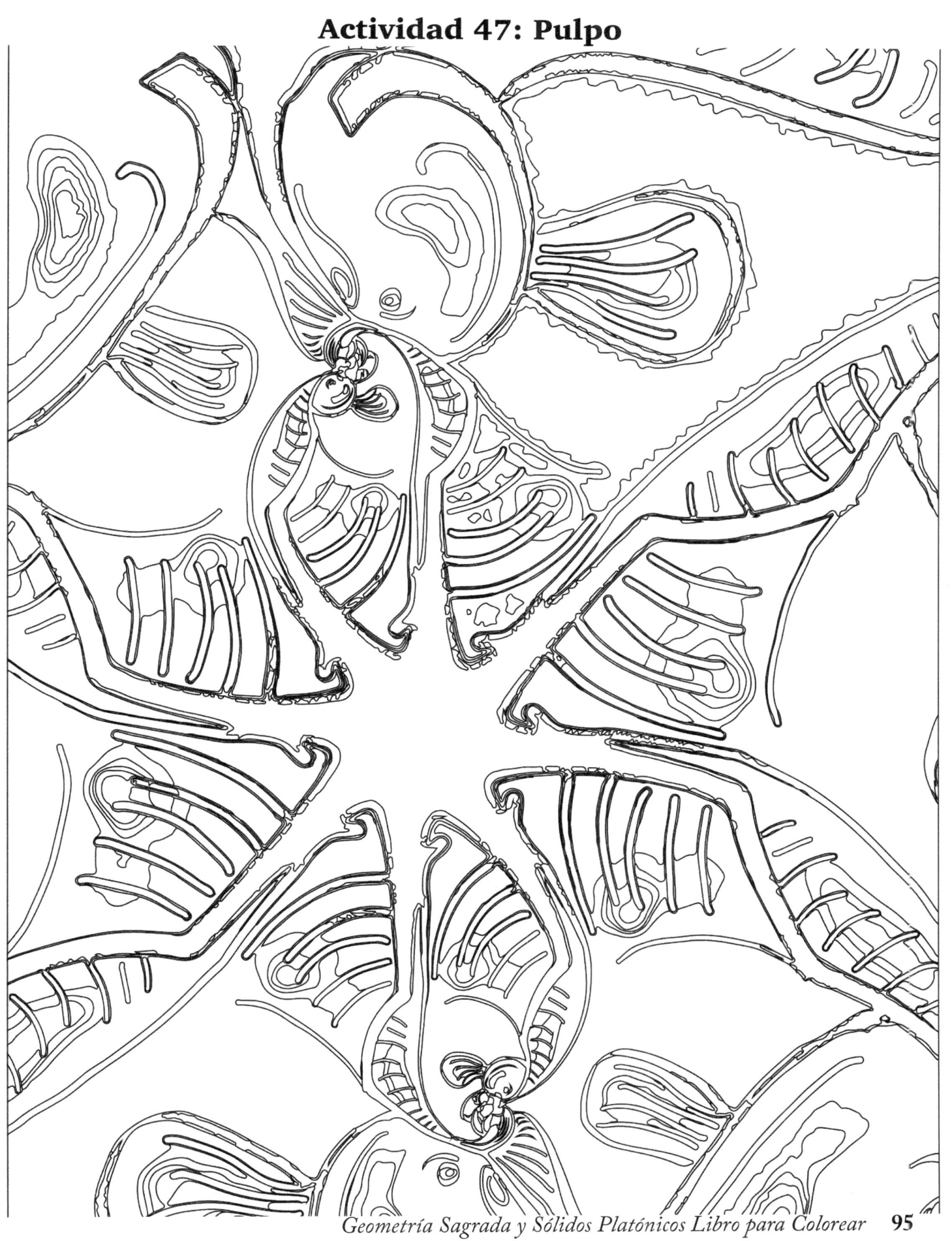

Actividad 48: Bloques de Piedra

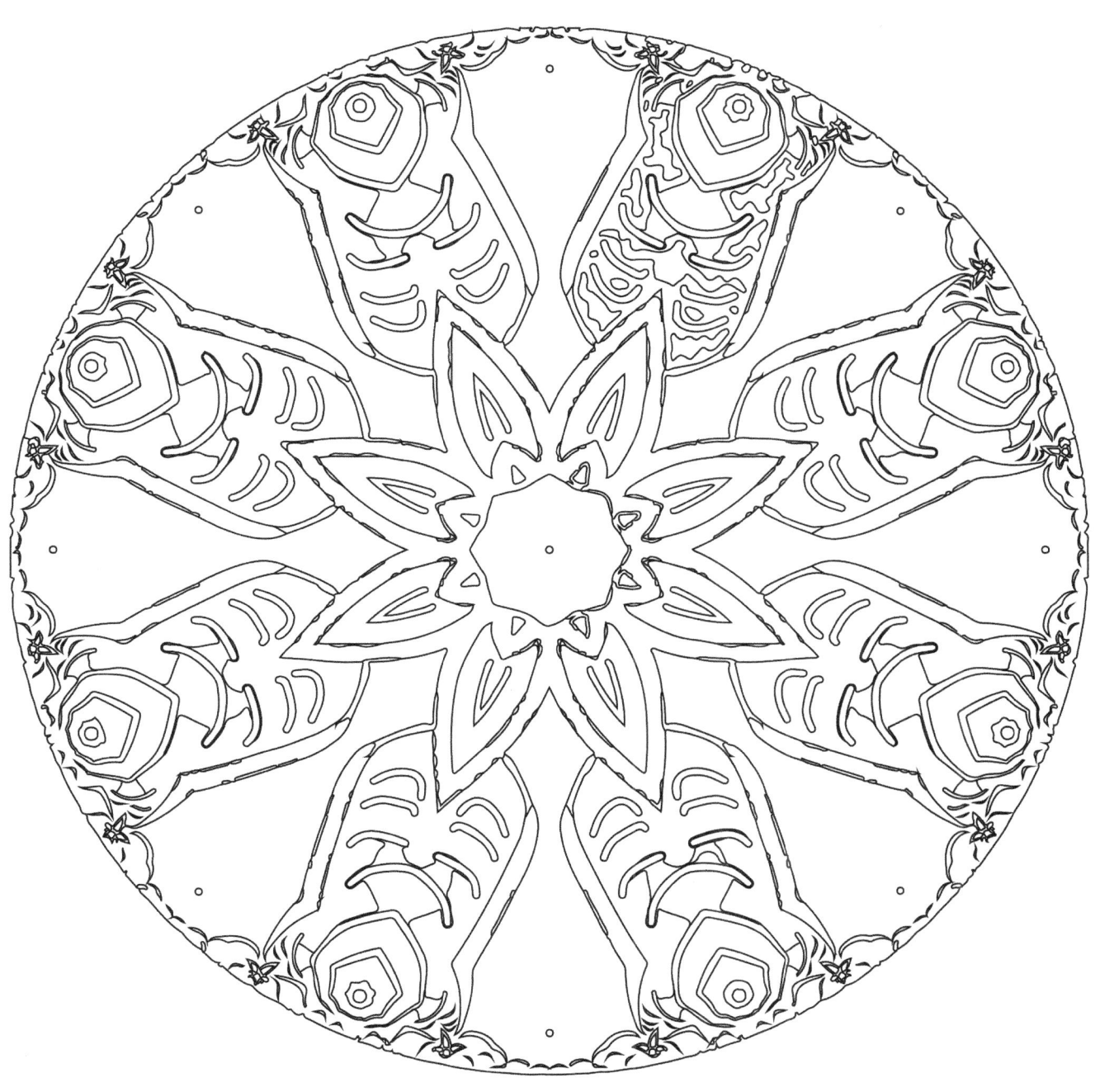

Actividad 48: Bloques de Piedra

Actividad 49: Norte

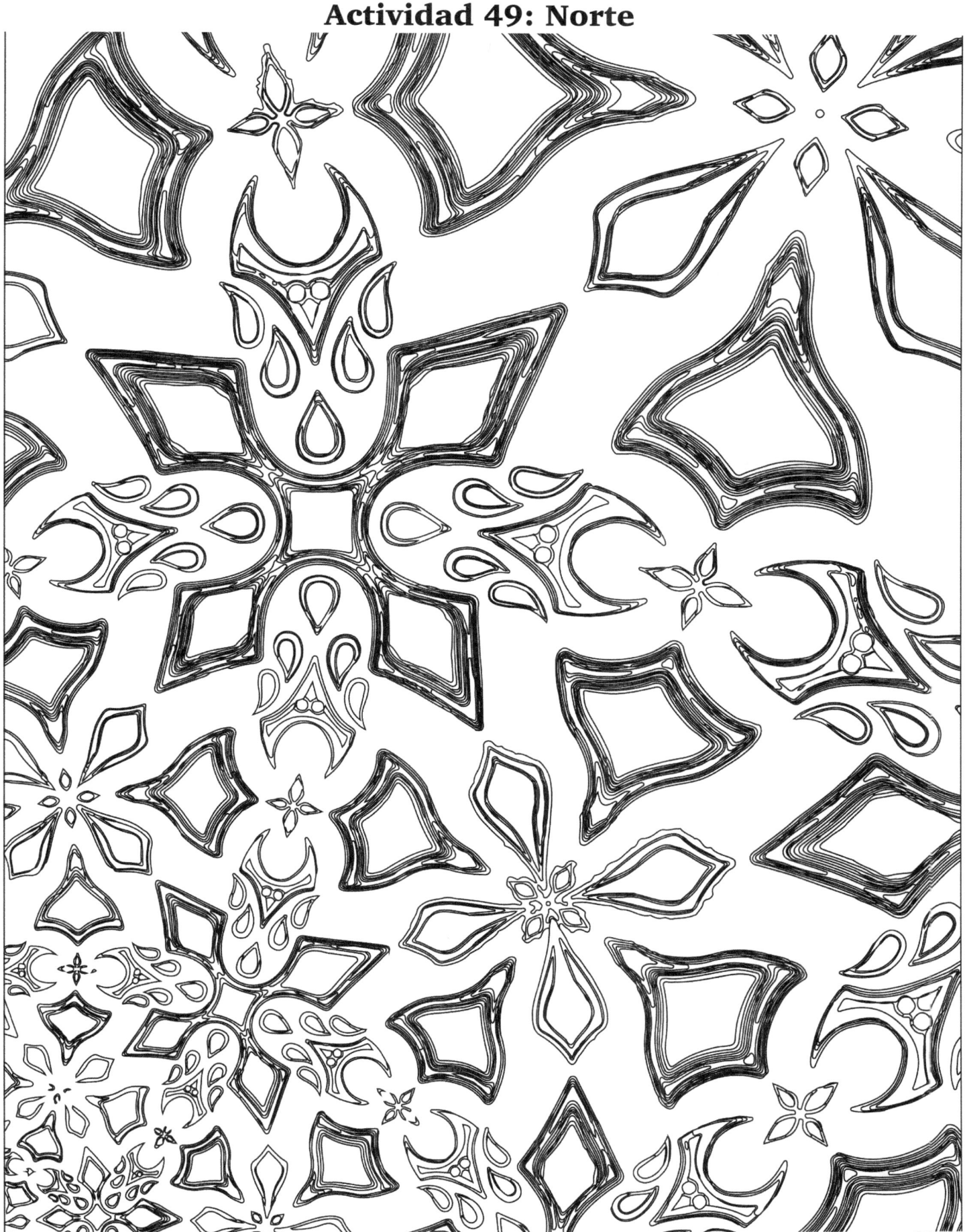

Actividad 50: Daisy

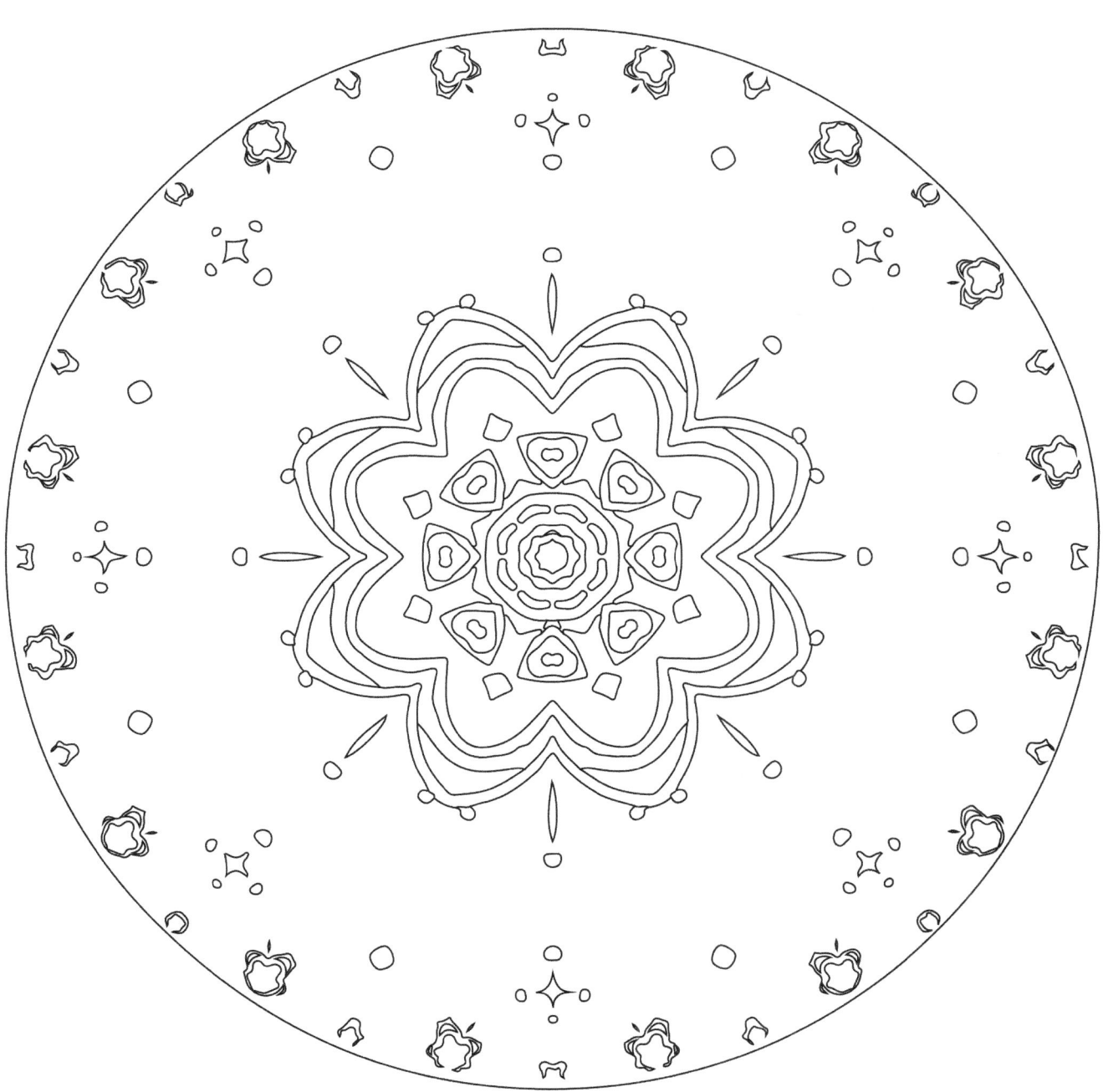

Actividad 51: Petunia

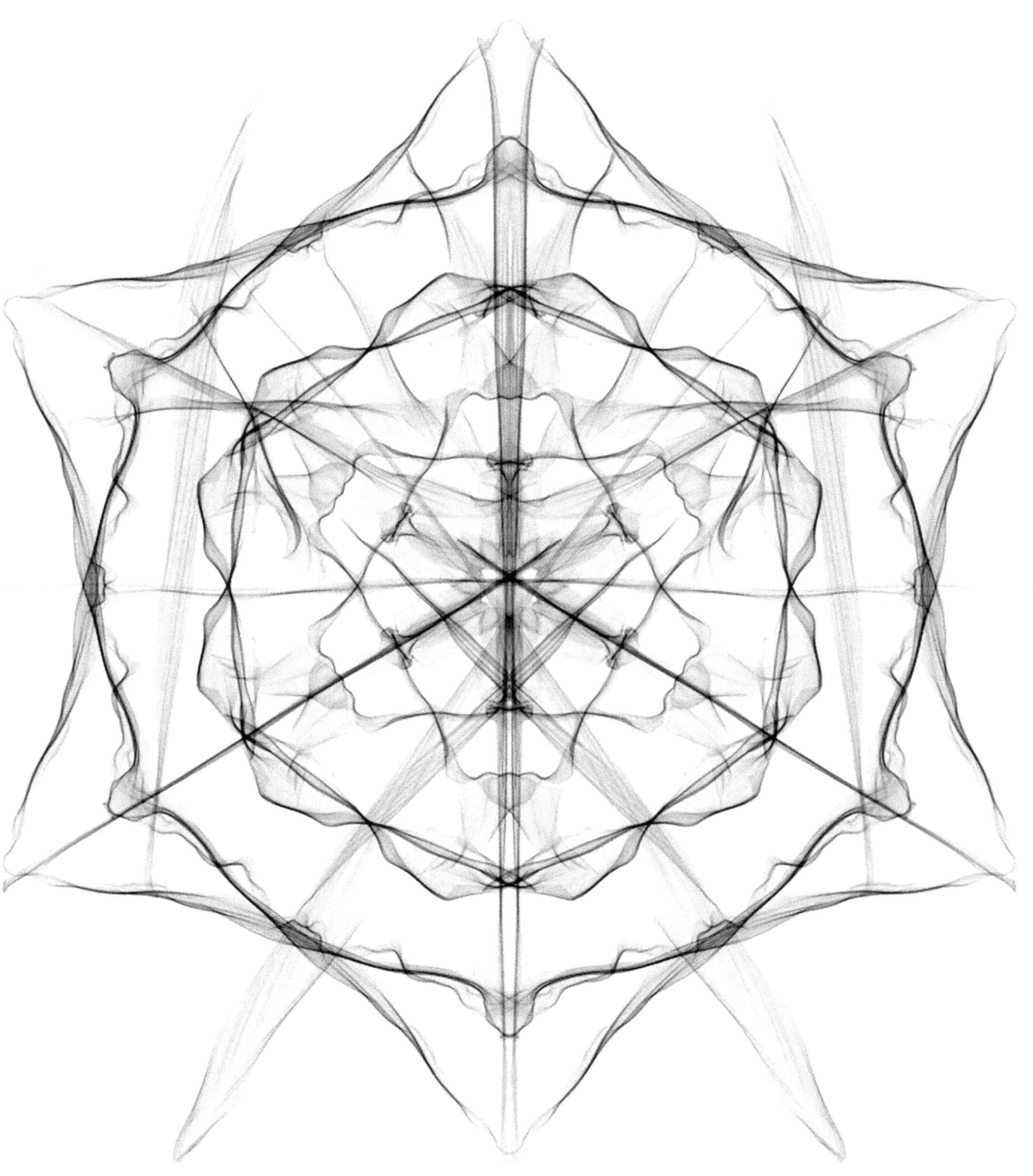

Actividad 52: Tiempo del Espacio

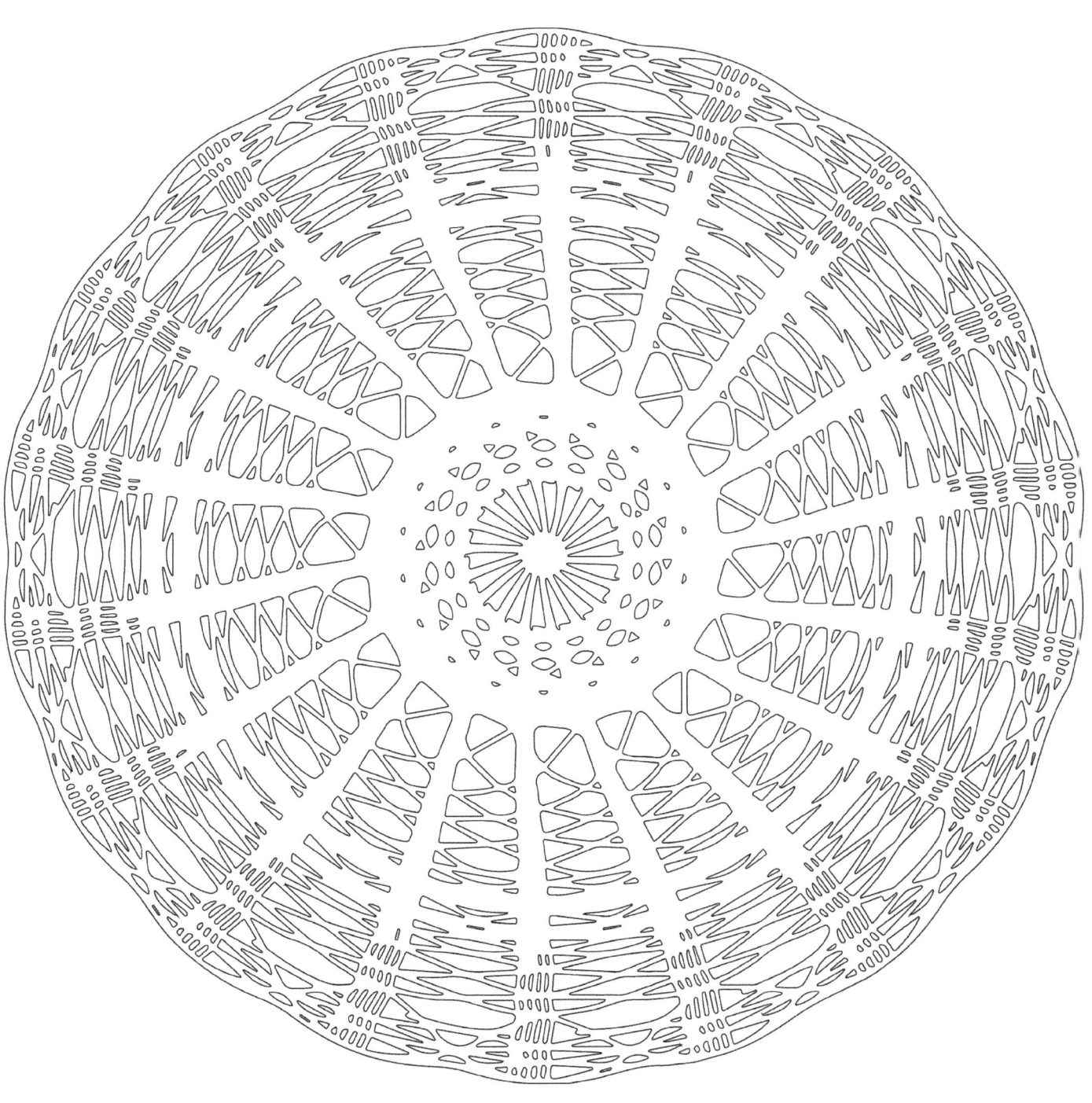

Actividad 53: Nuncamundo

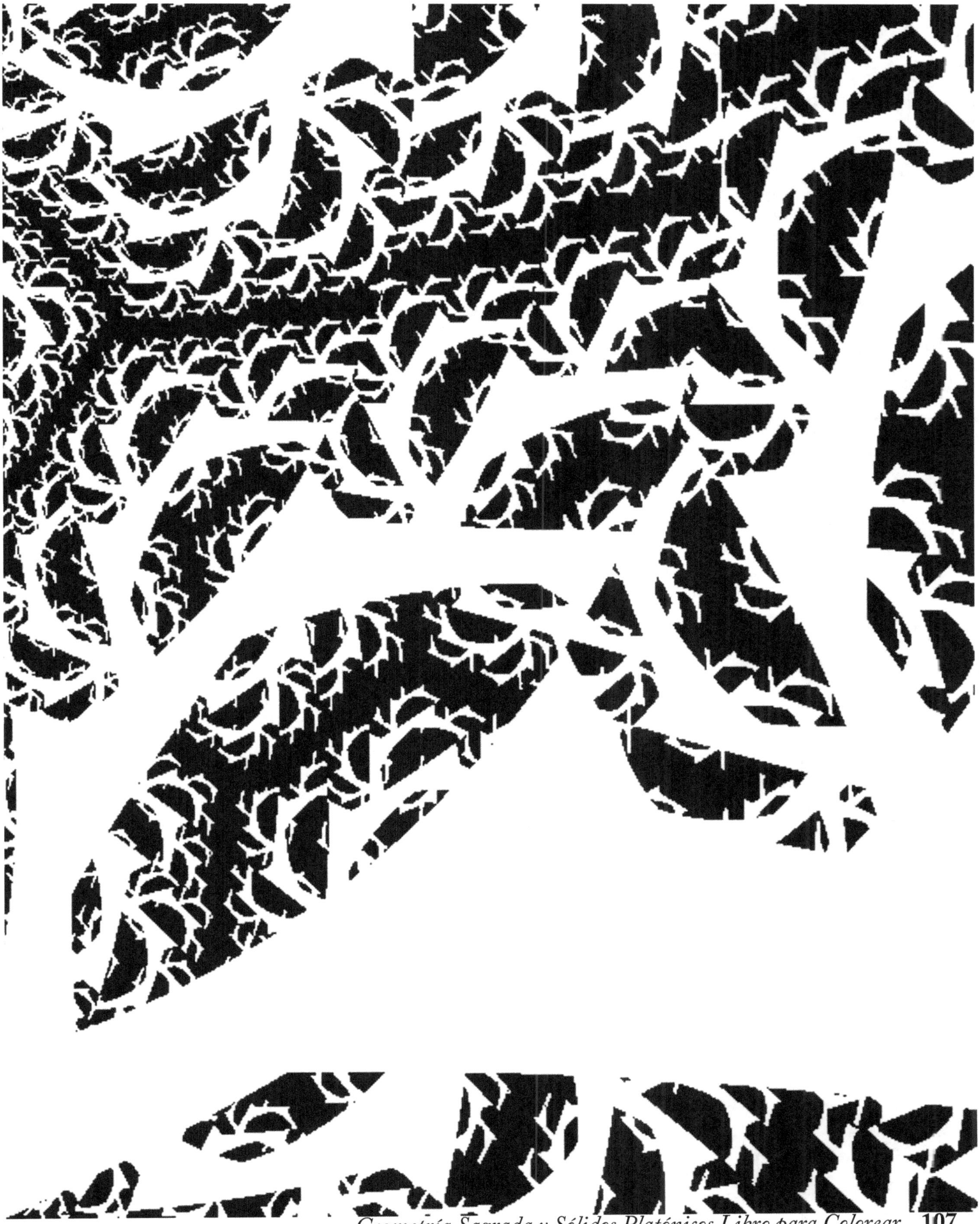

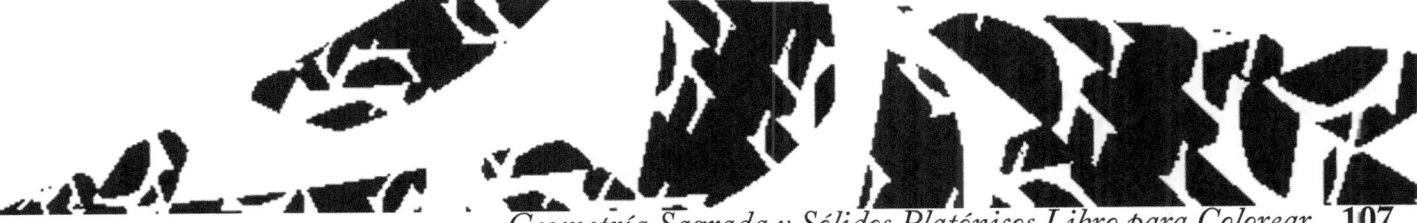

Actividad 54: Lirio de Agua

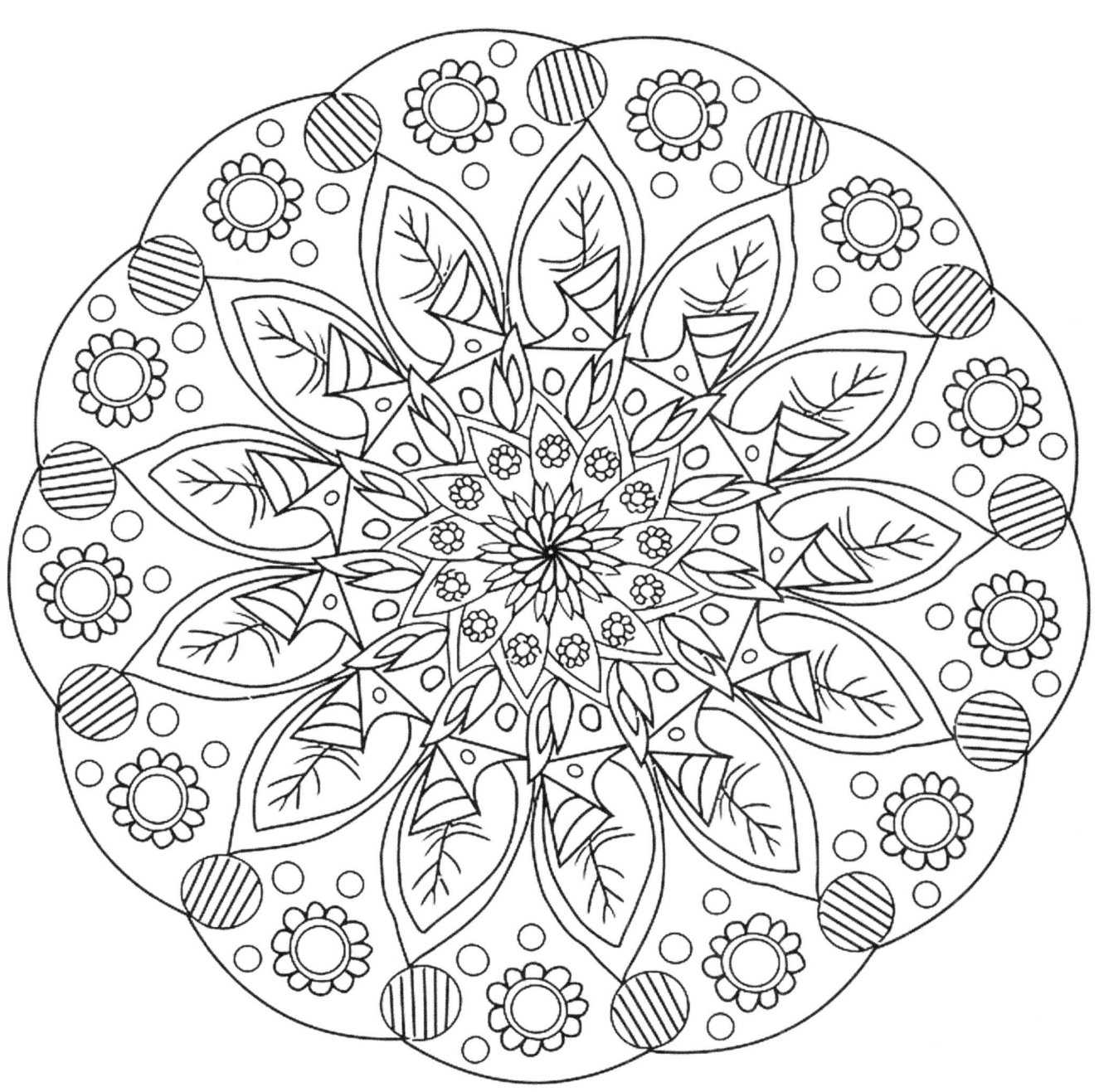

Actividad 54: Lirio de Agua

Actividad 55: Estrella de Cristal

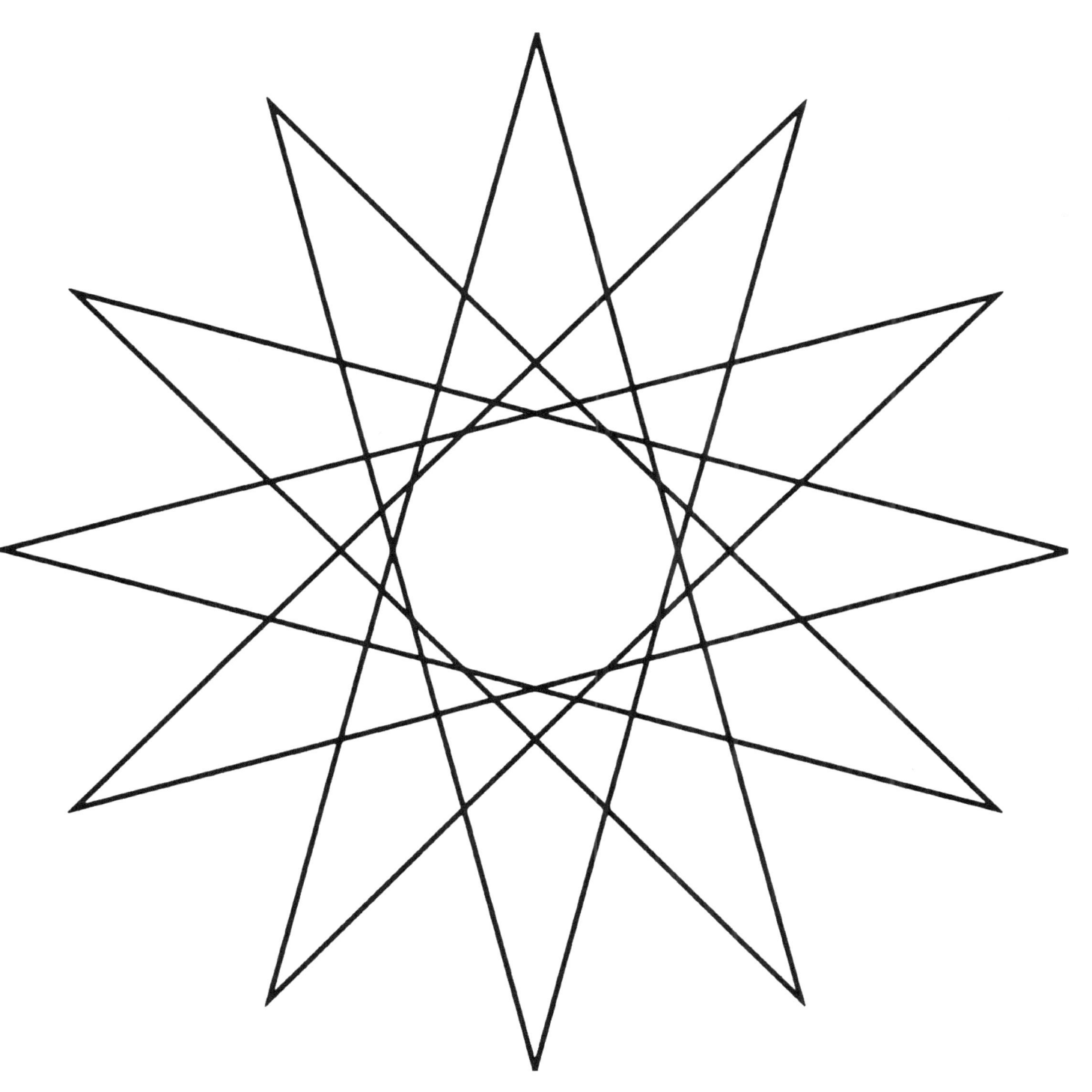

Geometría Sagrada y Sólidos Platónicos Libro para Colorear

Actividad 55: Estrella de Cristal

Actividad 56: Piedras Cóncavas

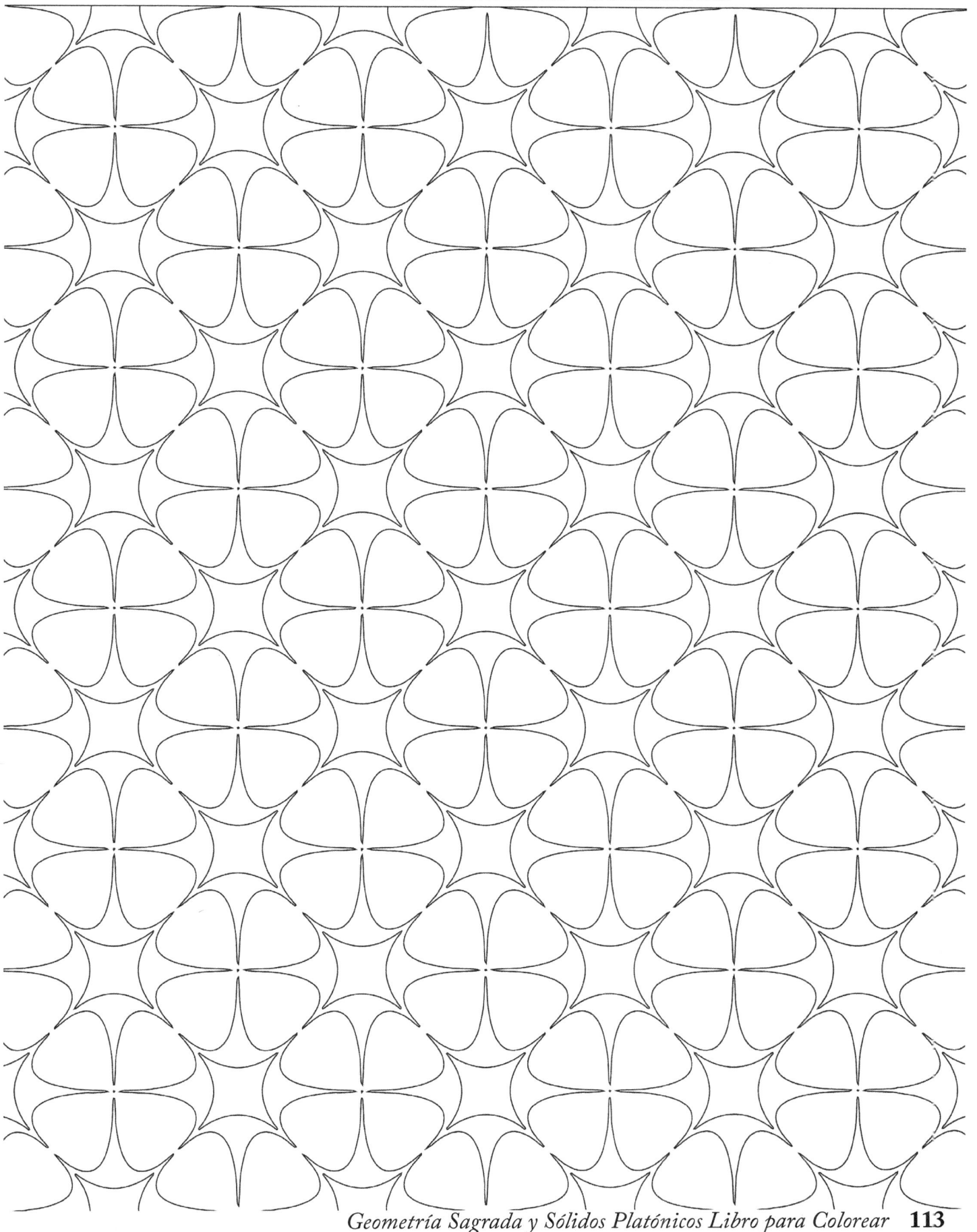

Geometría Sagrada y Sólidos Platónicos Libro para Colorear

Actividad 57: Canna

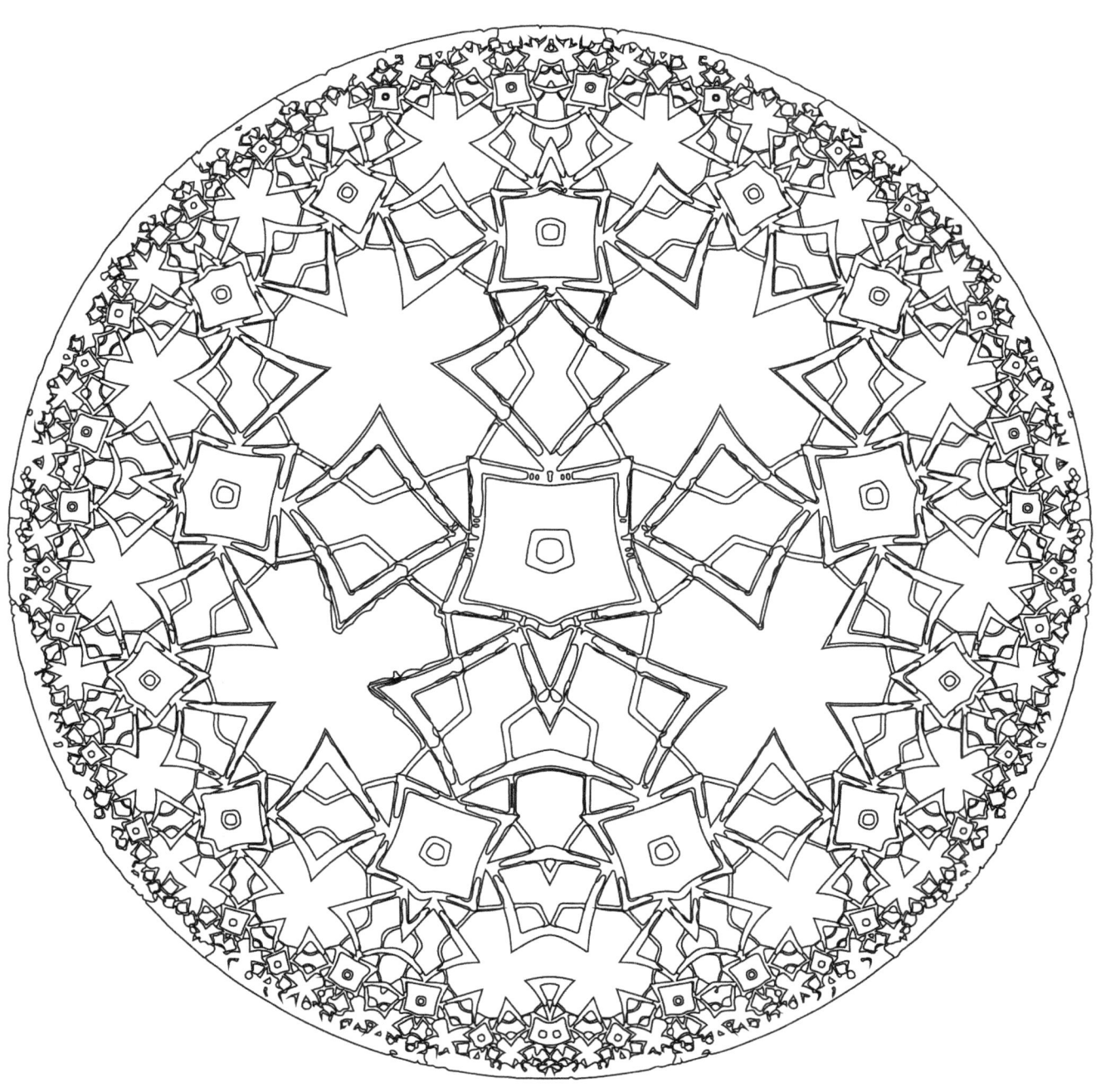

Actividad 57: Canna

Actividad 58: Fiesta de Cumpleaños

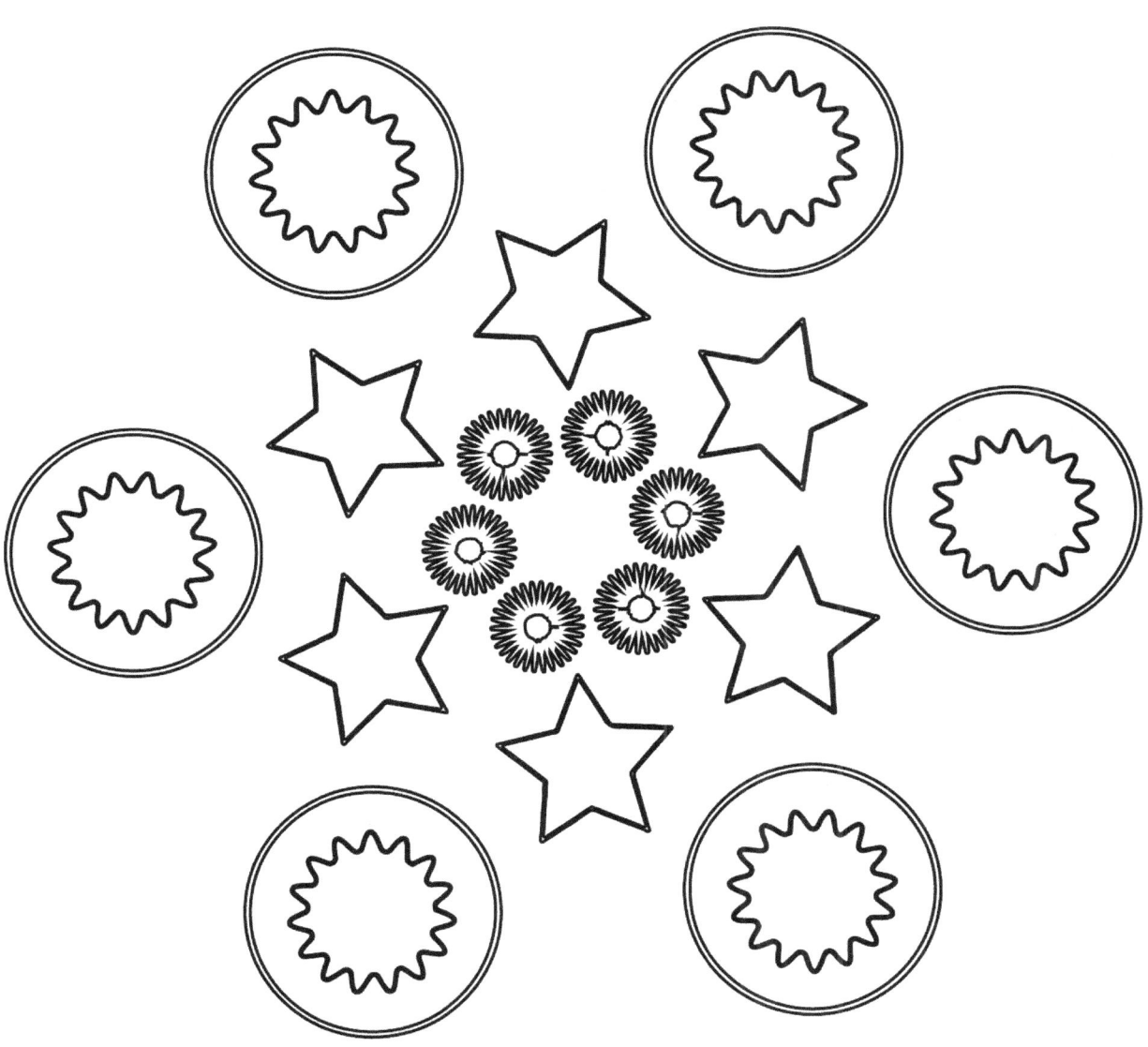

Geometría Sagrada y Sólidos Platónicos Libro para Colorear

Actividad 58: Fiesta de Cumpleaños

Actividad 59: Fuerza

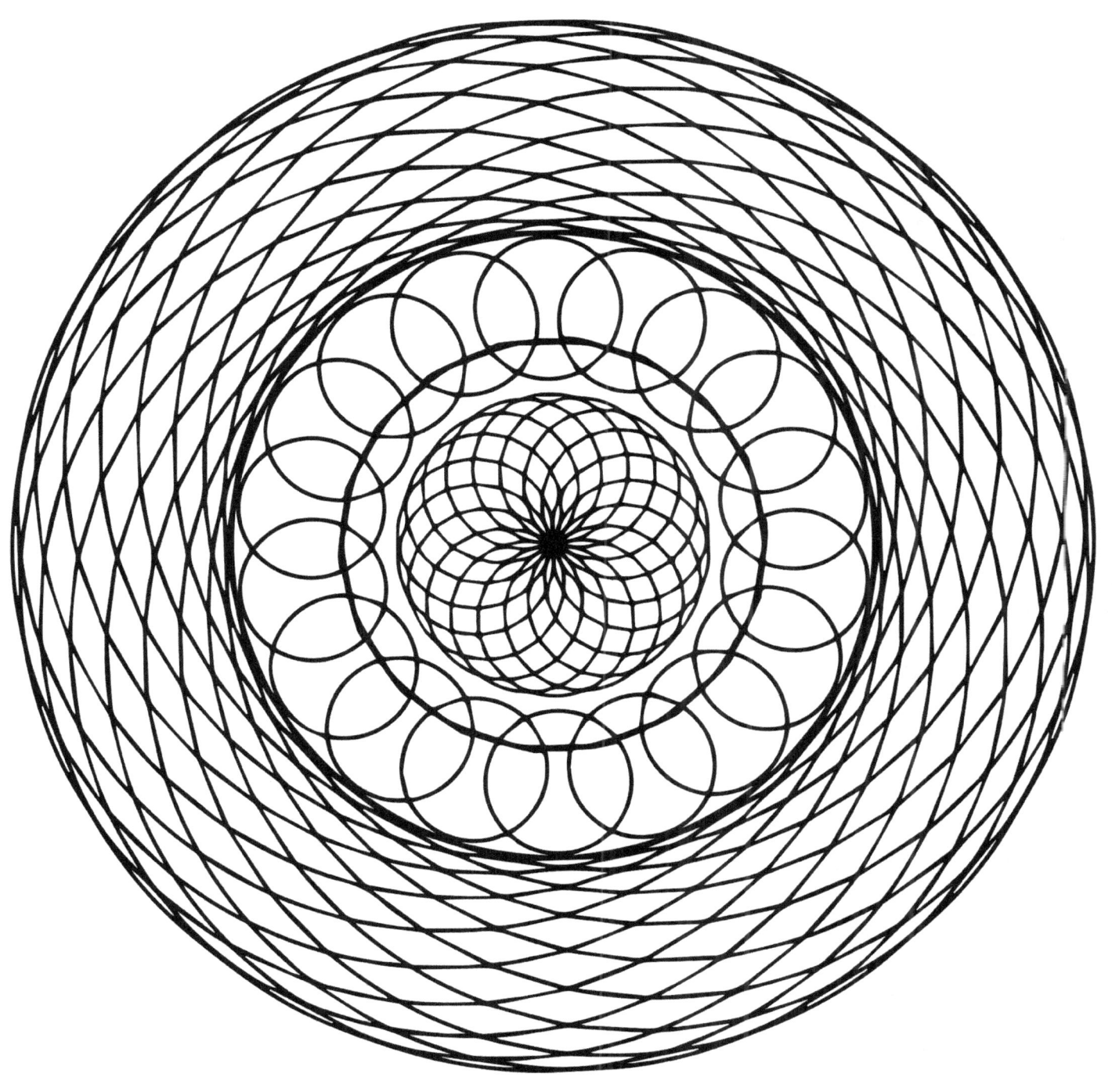

Actividad 60: Ranúnculos

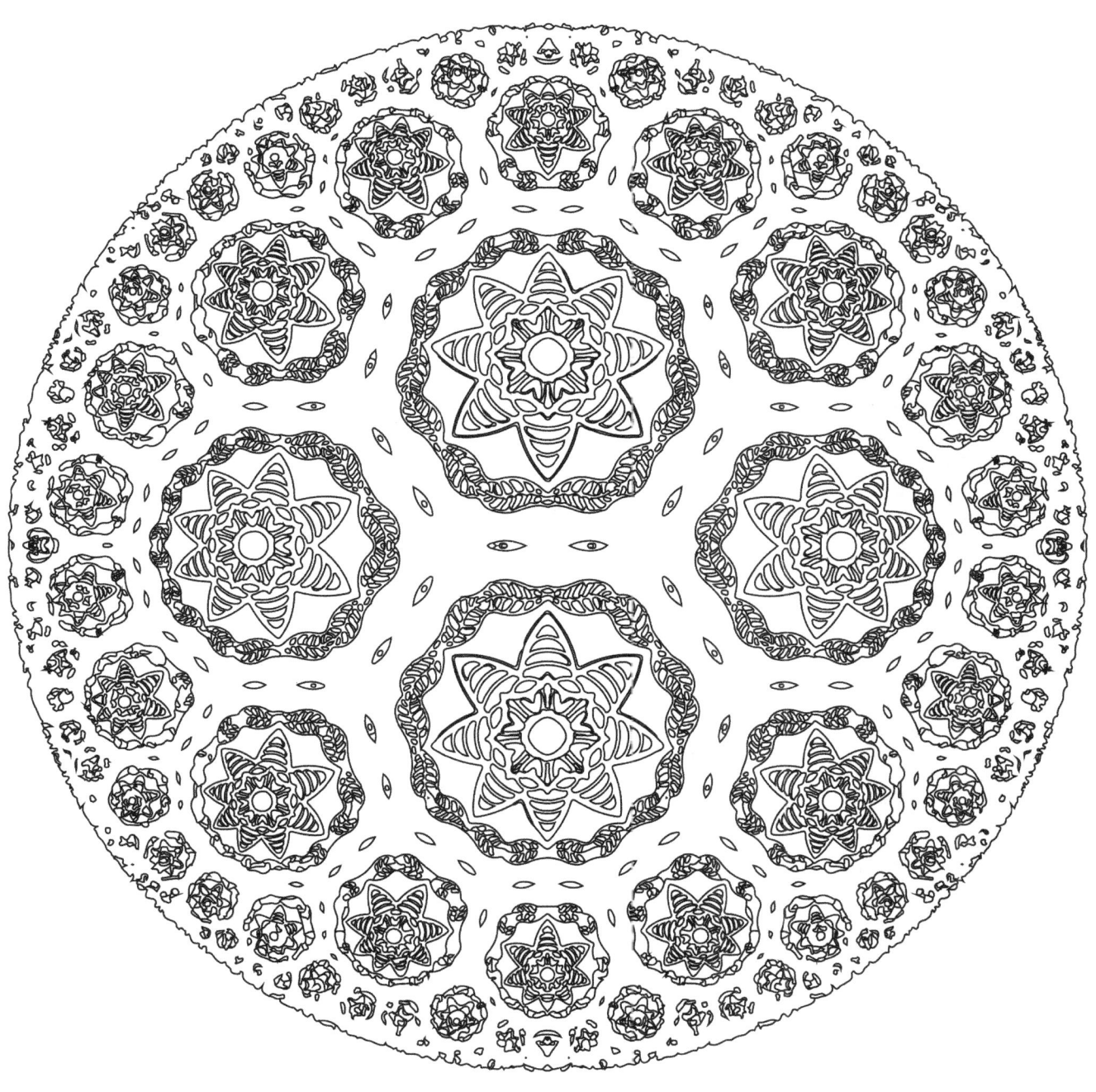

Actividad 61: Pies de Pájaro

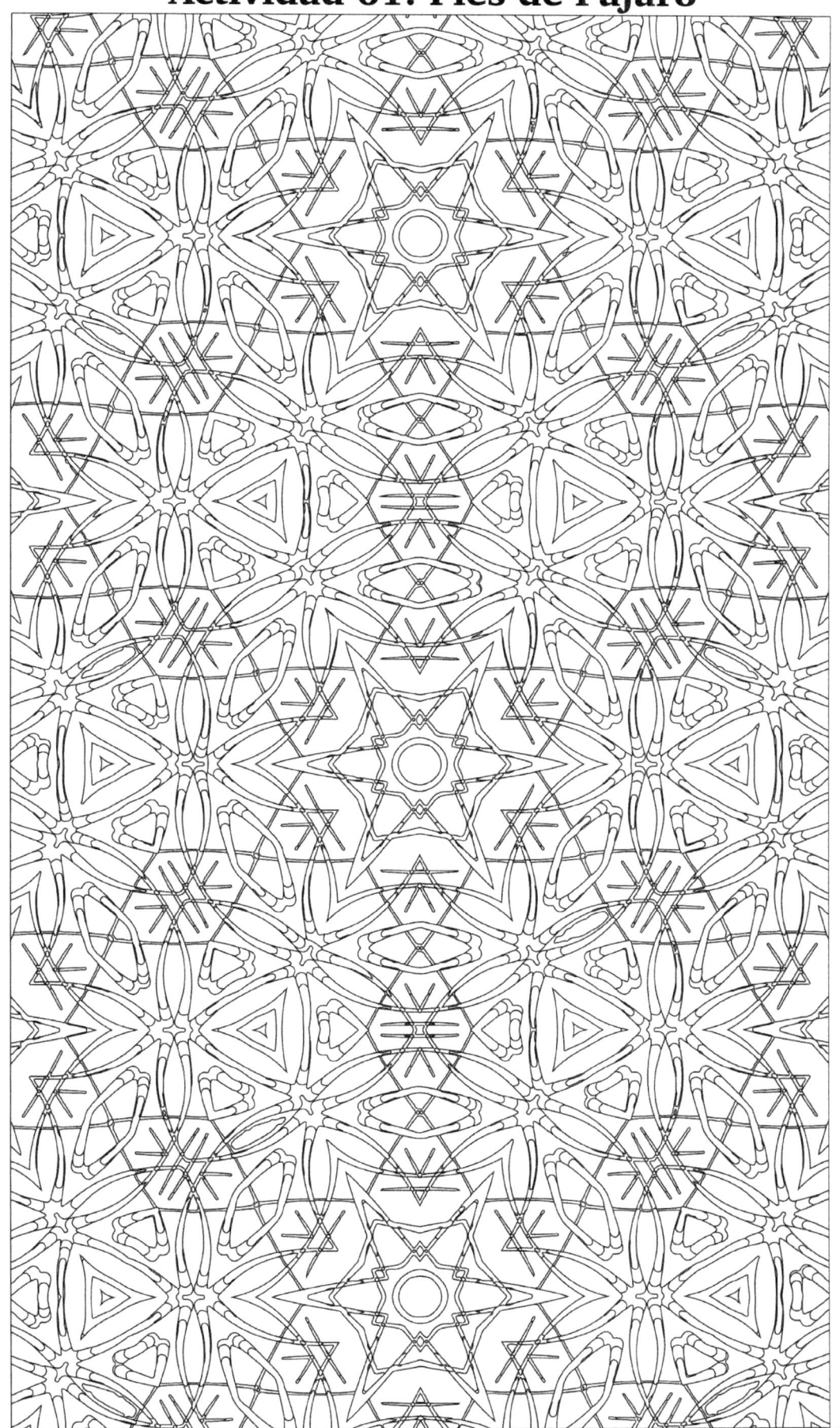

Actividad 61: Pies de Pájaro

Actividad 62: Orion

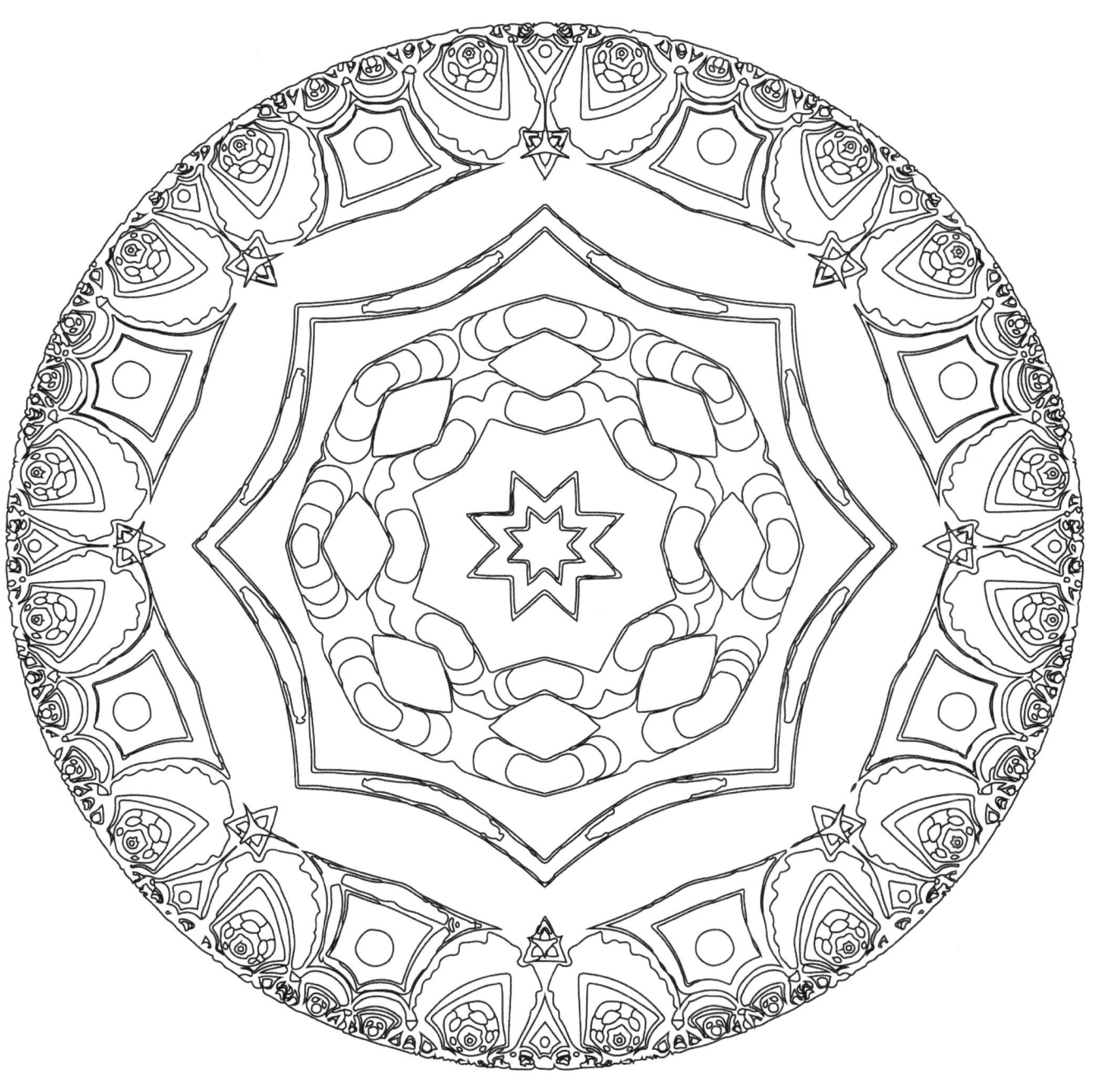

Actividad 63: Estrella Celestial

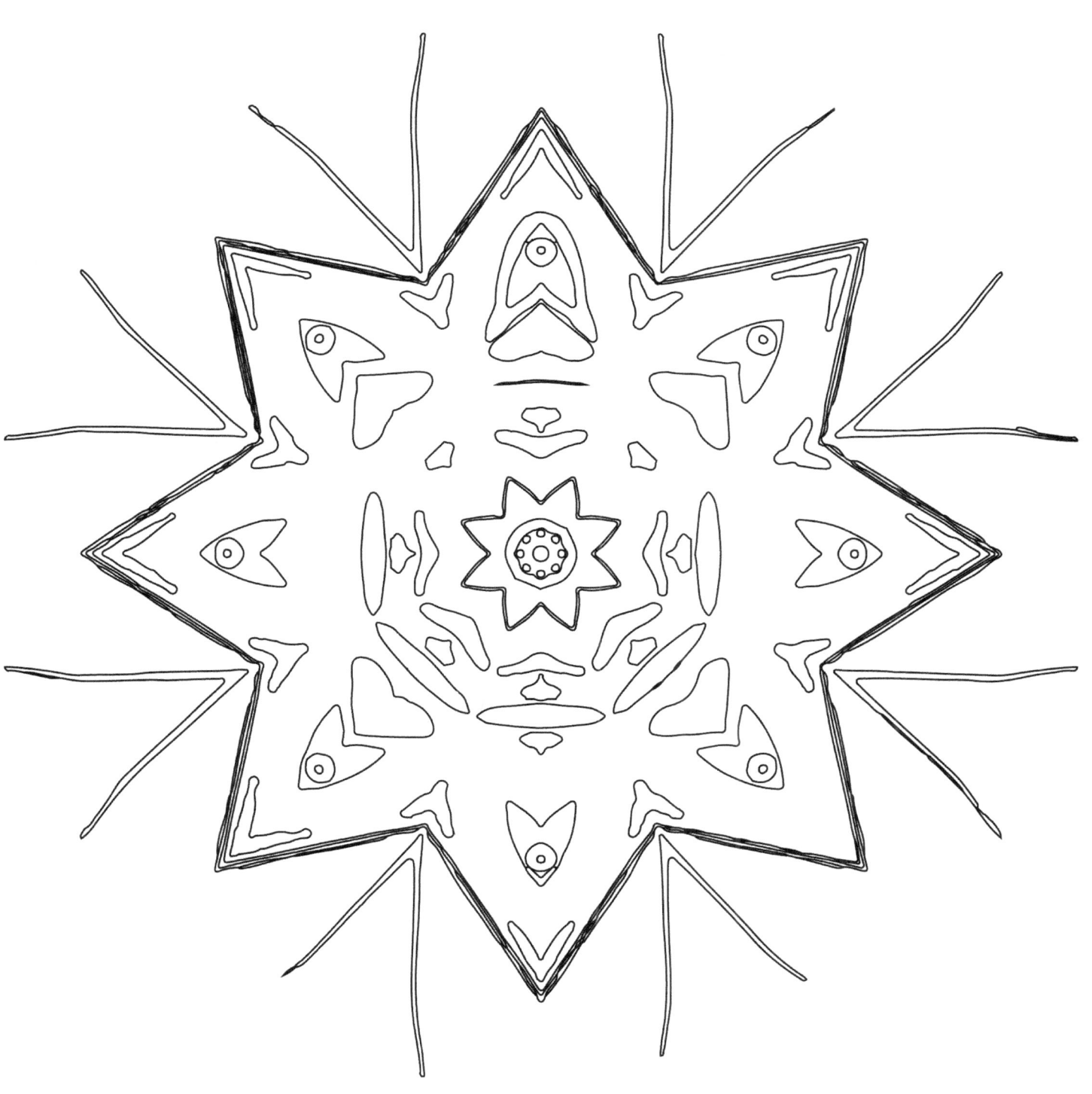

Actividad 64: Paraíso

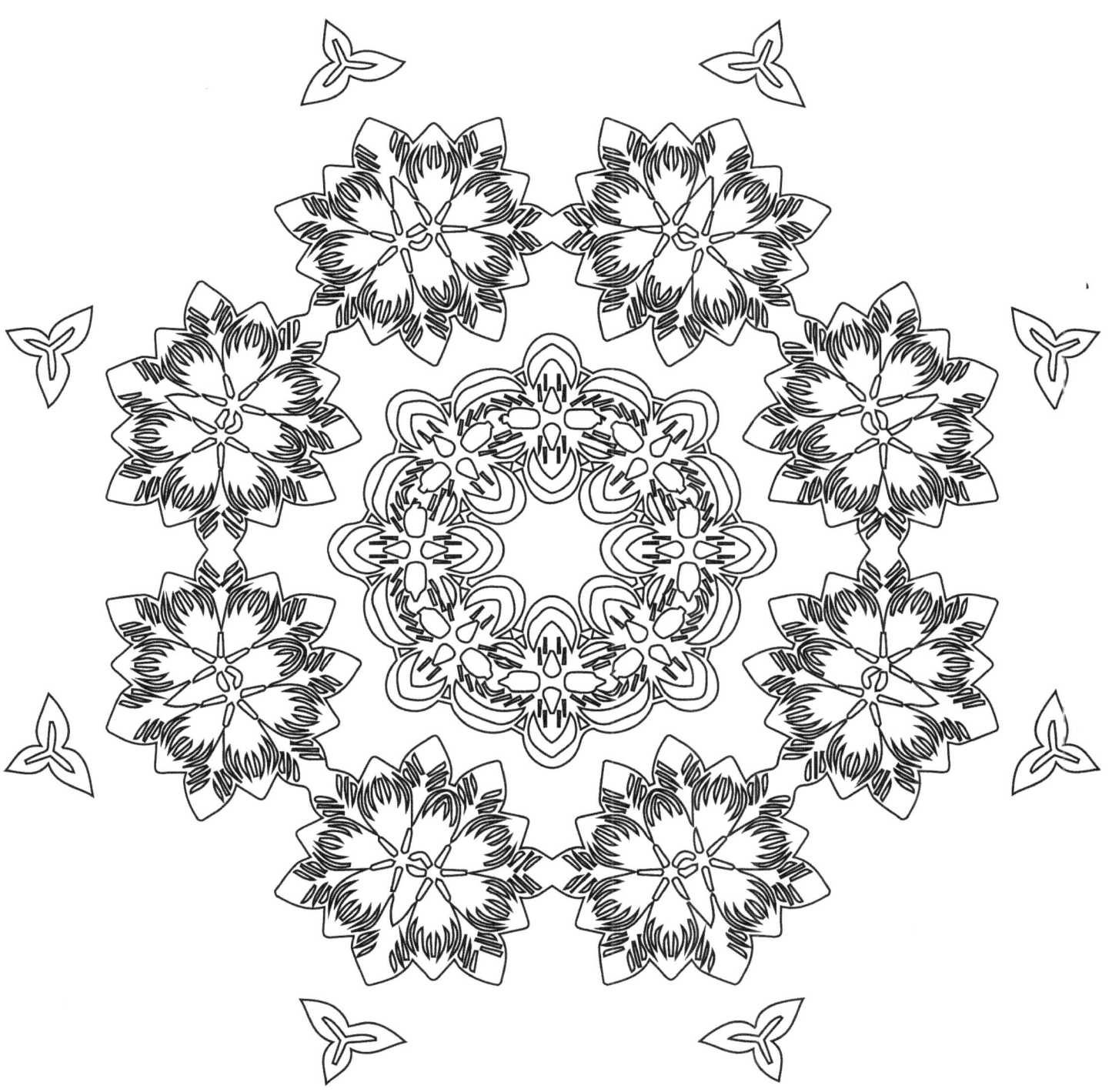

Actividad 65: Te Veo

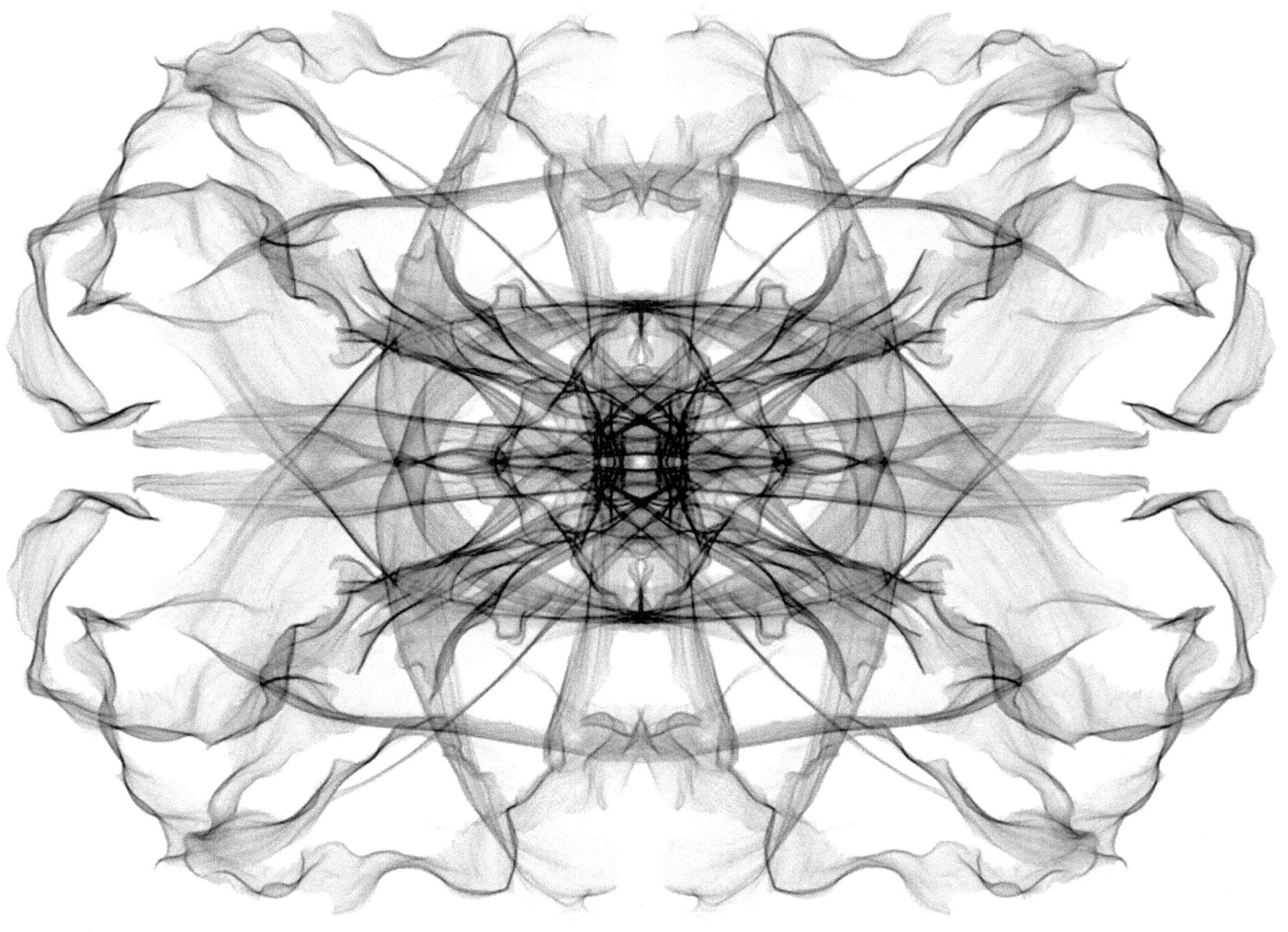

Actividad 65: Te Veo

Actividad 66: Pitágoras

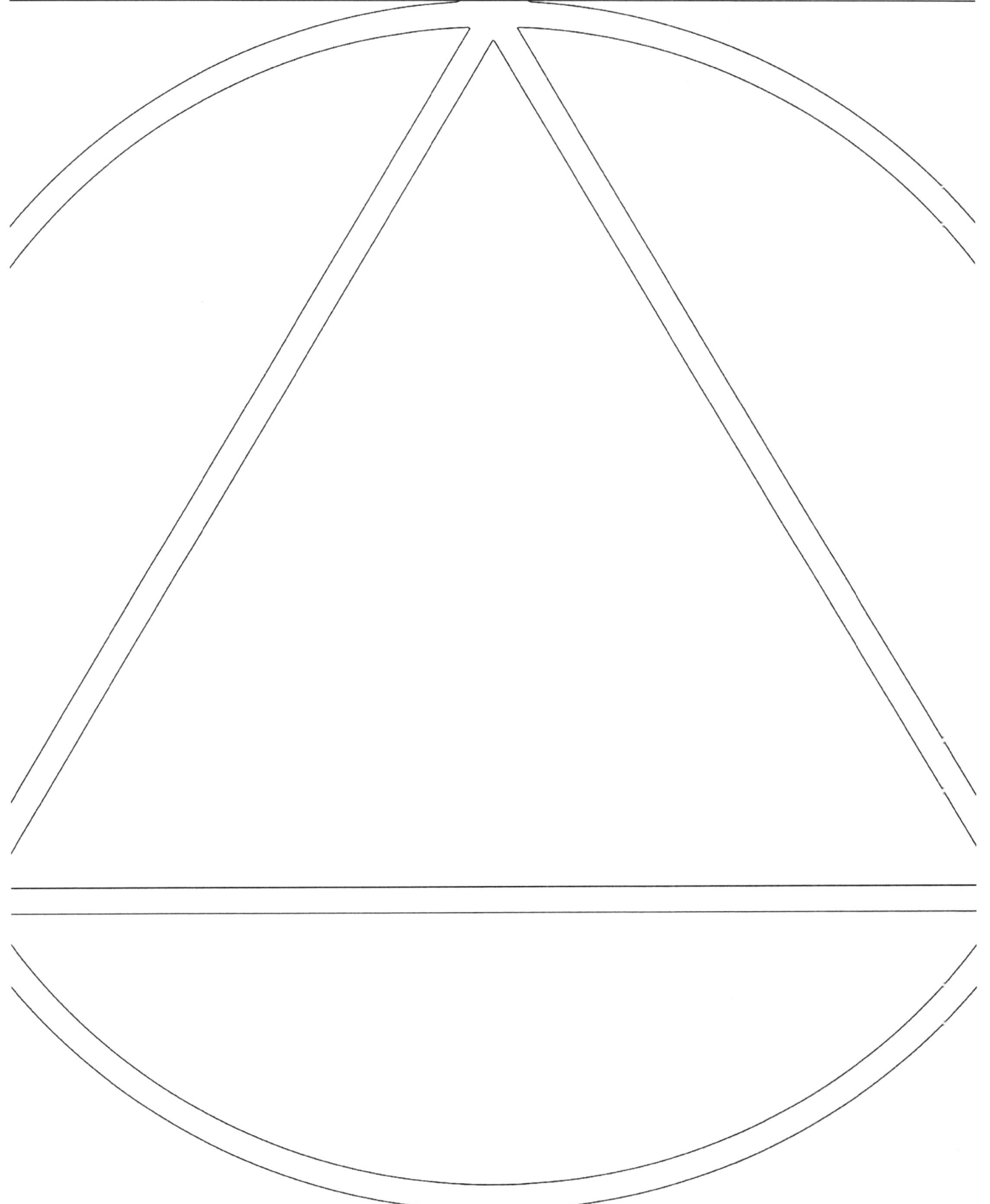

Geometría Sagrada y Sólidos Platónicos Libro para Colorear   133

Actividad 66: Pitágoras

Actividad 67: Círculo Siria

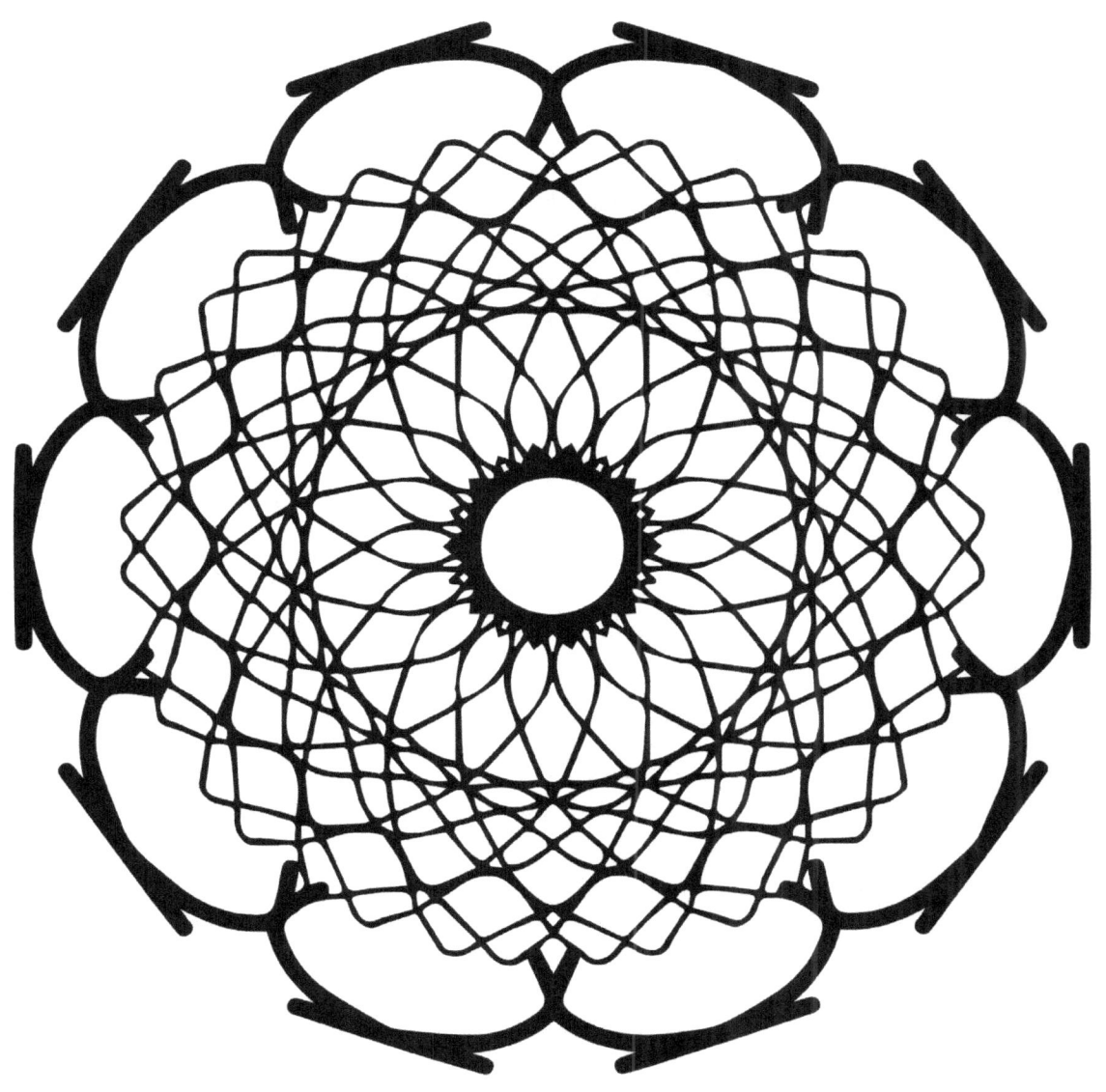

Actividad 67: Círculo Siria

Actividad 68: Sinfonía de Beethoven

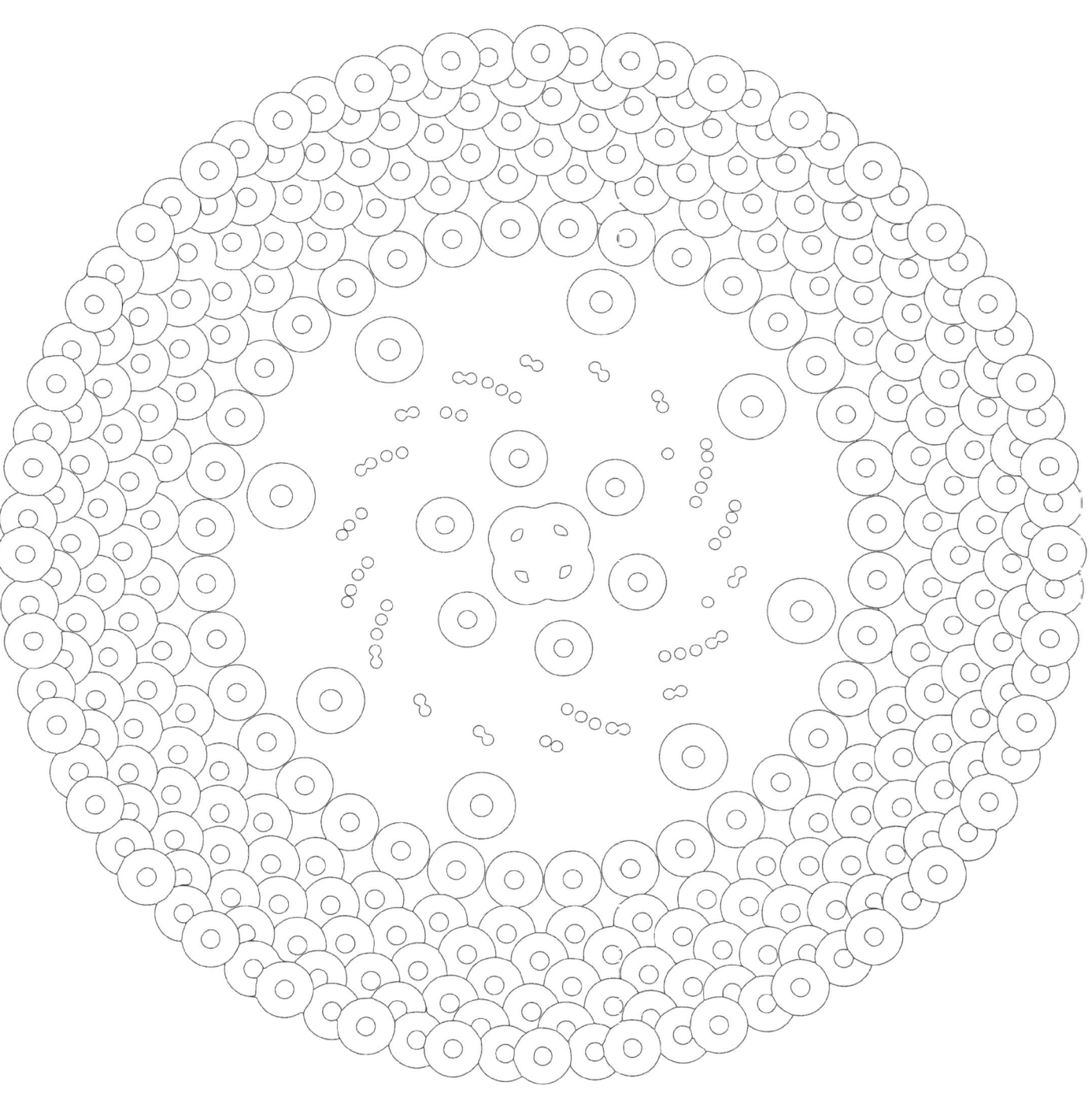

Geometría Sagrada y Sólidos Platónicos Libro para Colorear **137**

Actividad 68: Sinfonía de Beethoven

Actividad 69: Flor Egipcia

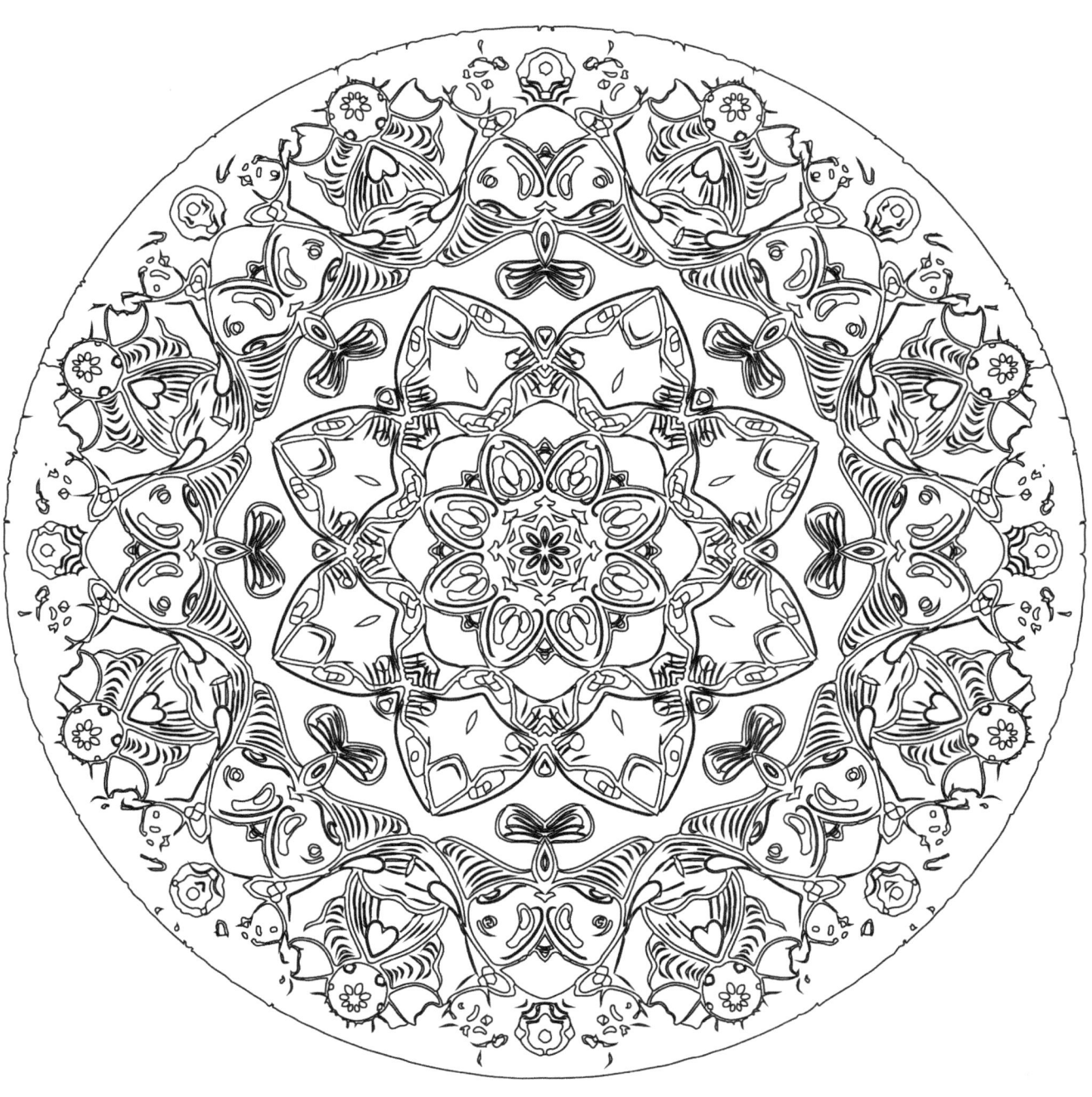

Actividad 69: Flor Egipcia

Actividad 70: Cleopatra

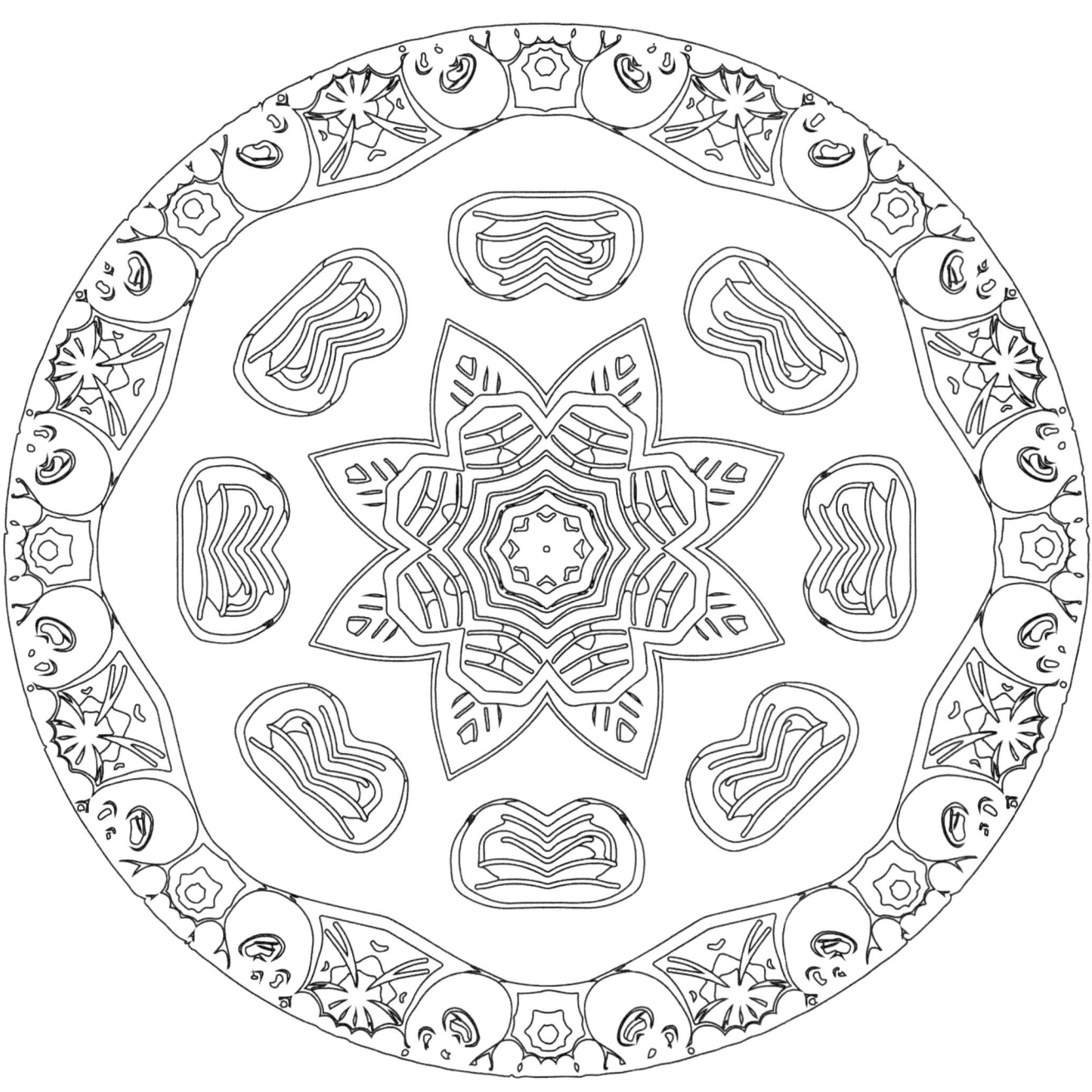

Actividad 71: Neurona

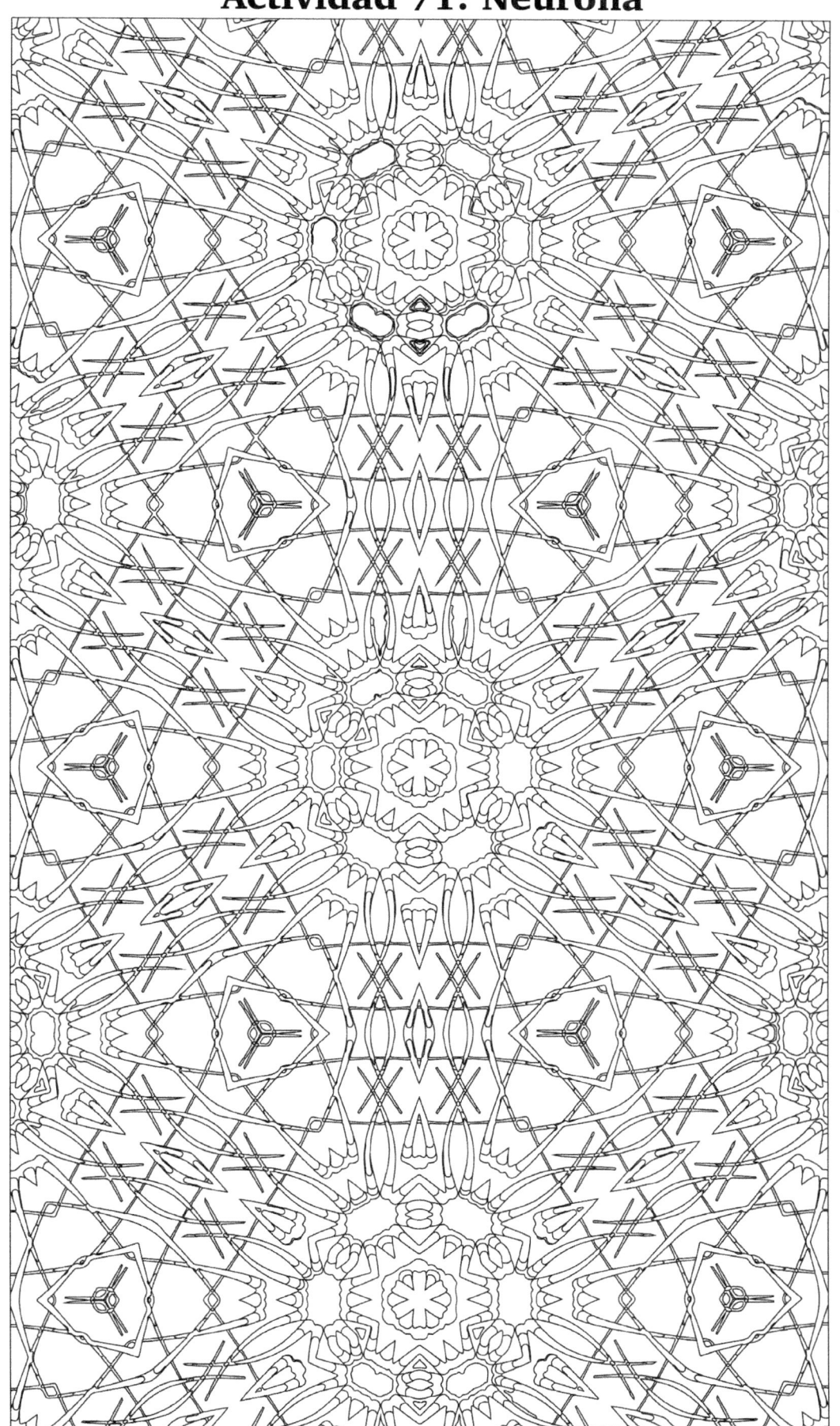

Actividad 72: Brillante

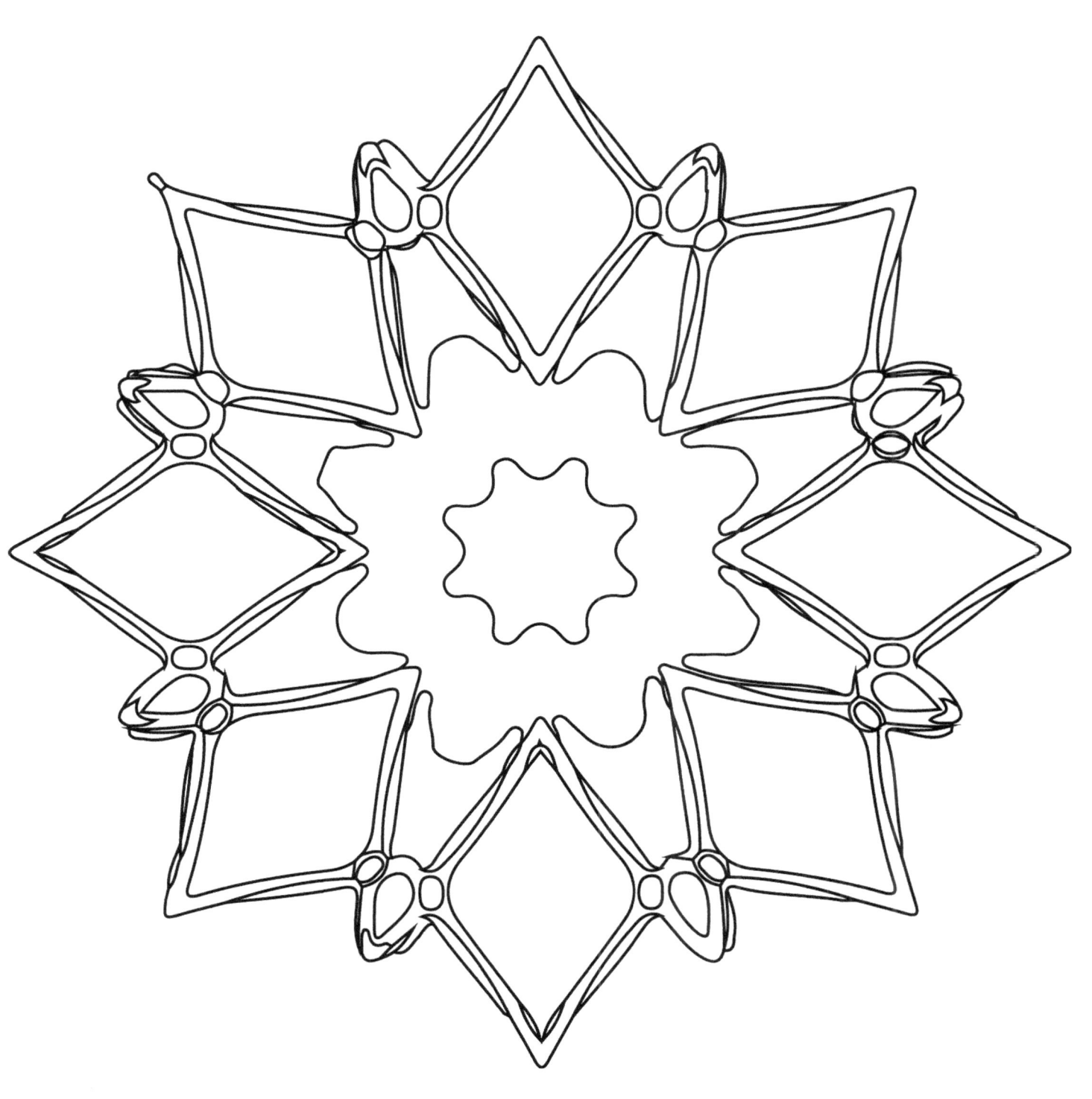

Actividad 72: Brillante

Actividad 73: Símbolo de la Pureza

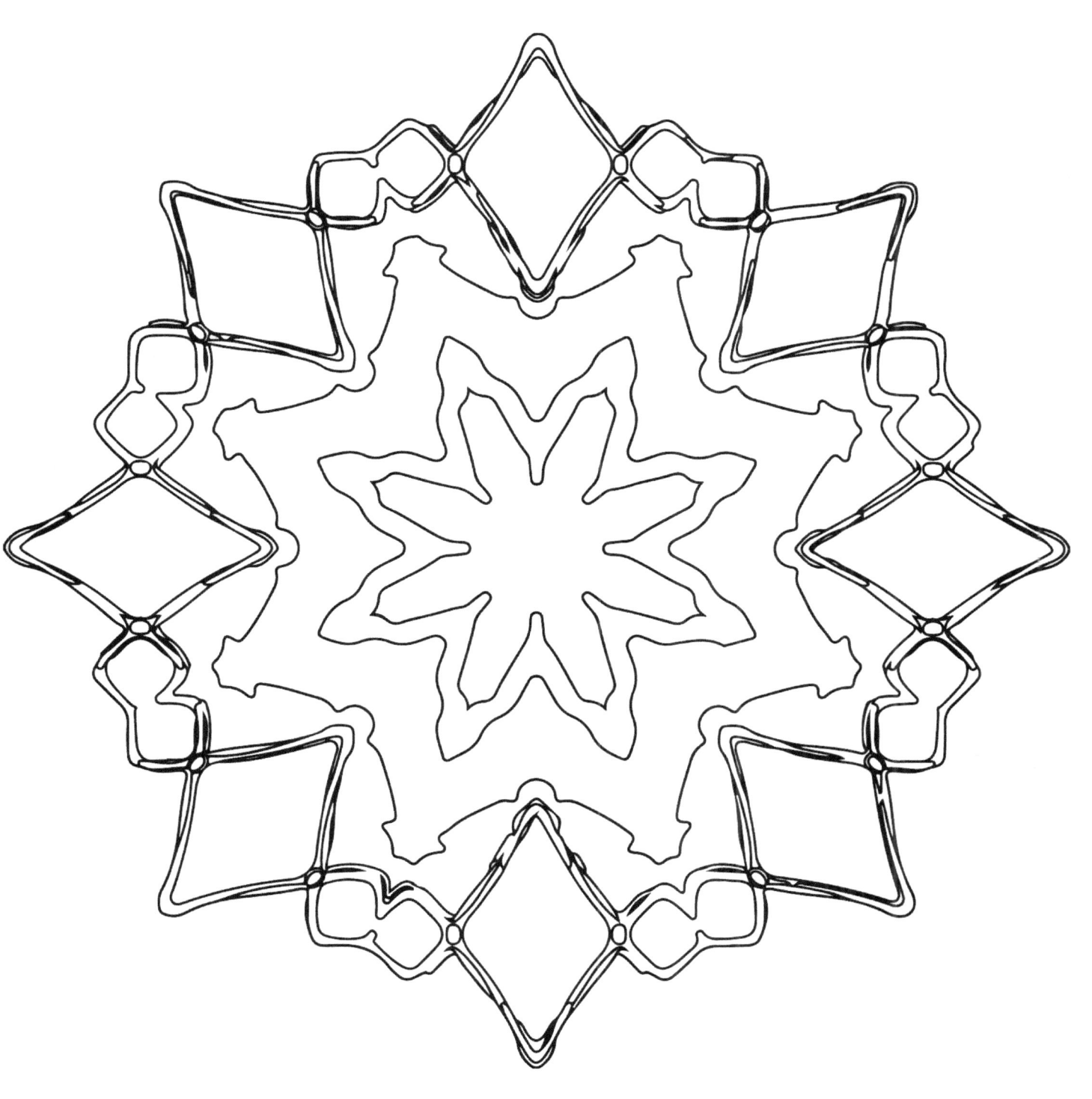

Actividad 74: Dodecágono

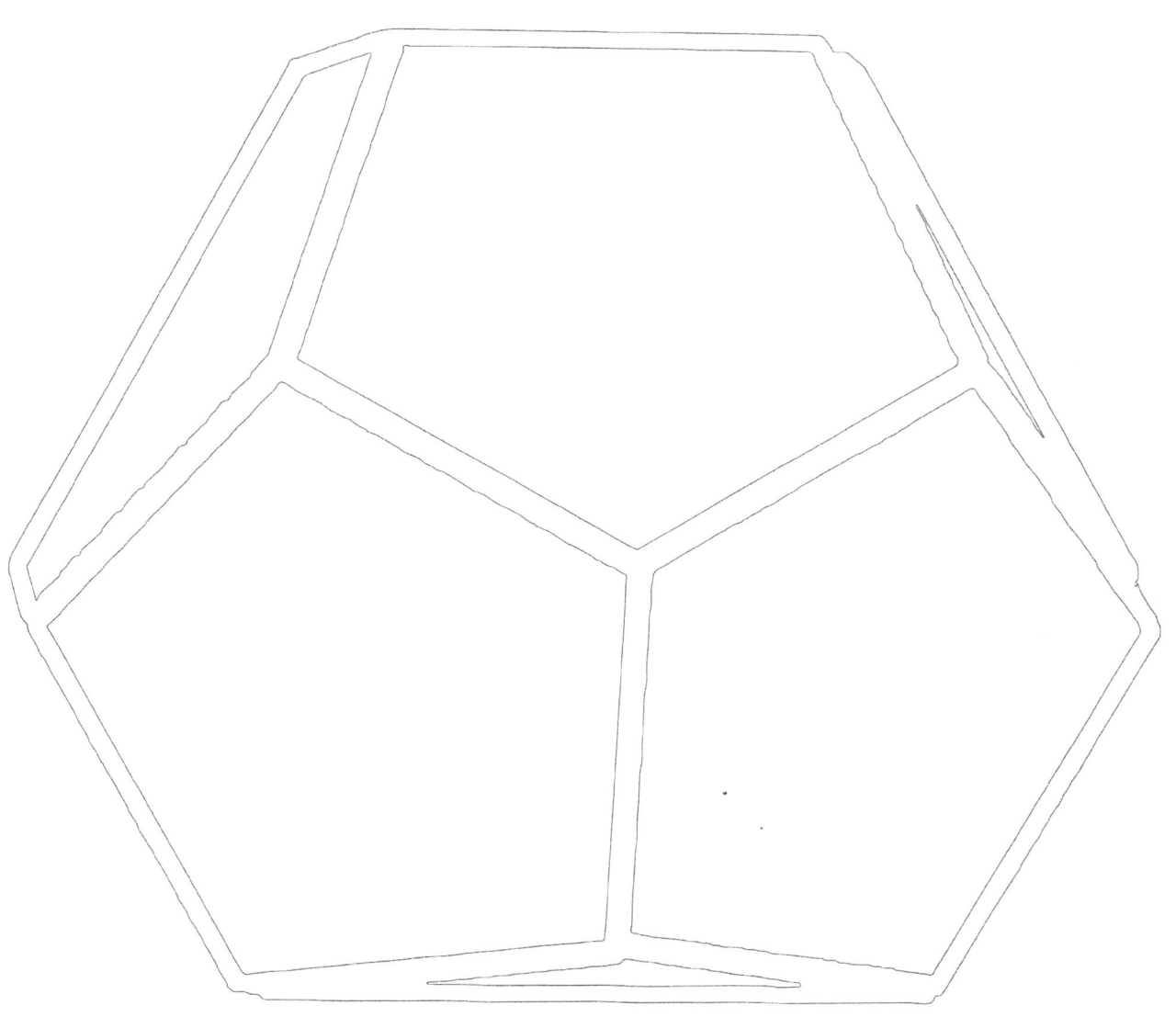

Actividad 74: Dodecágono

Actividad 75: Ion

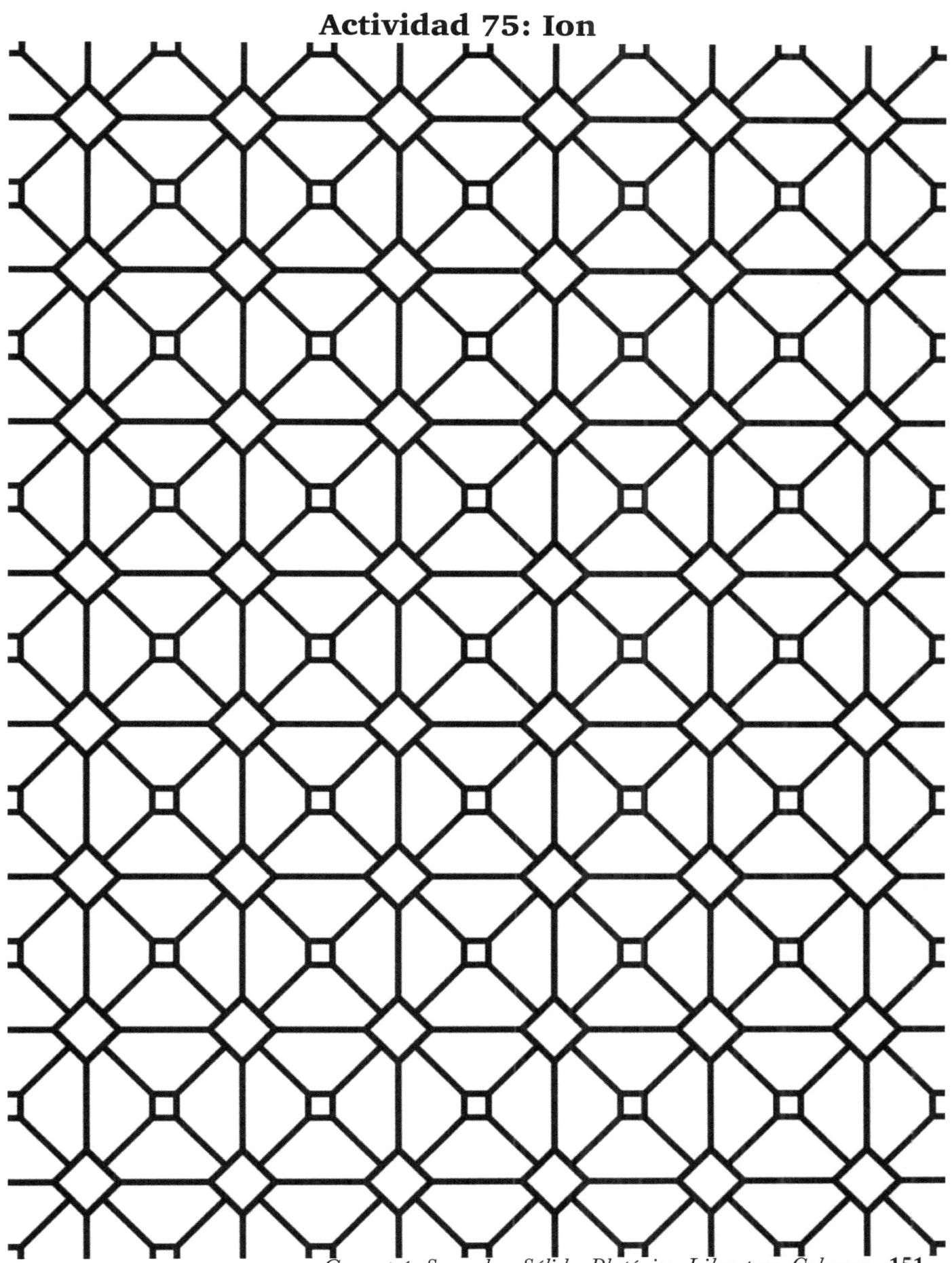

Actividad 76: Ecuación

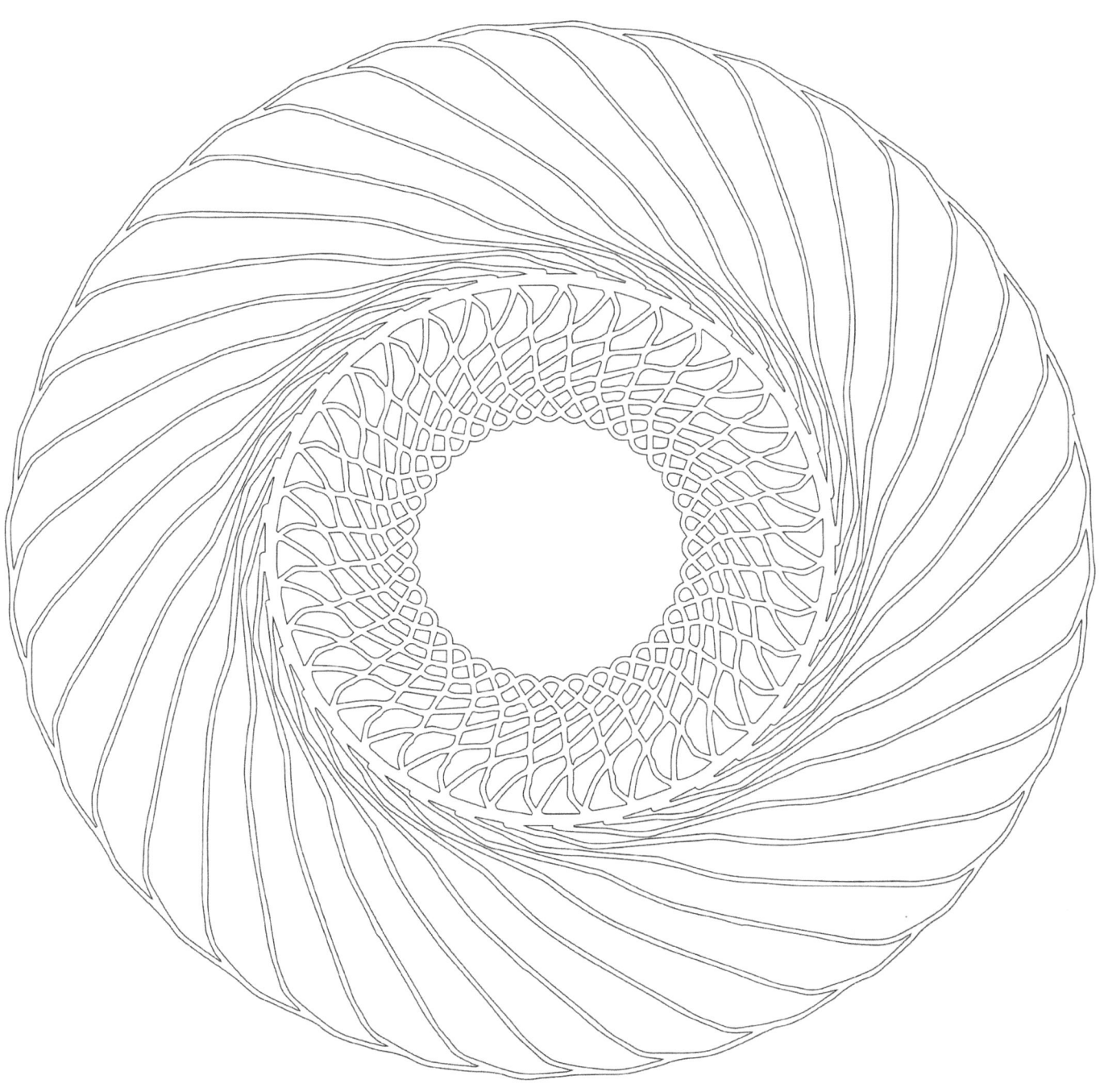

Actividad 76: Ecuación

Actividad 77: Te quiero

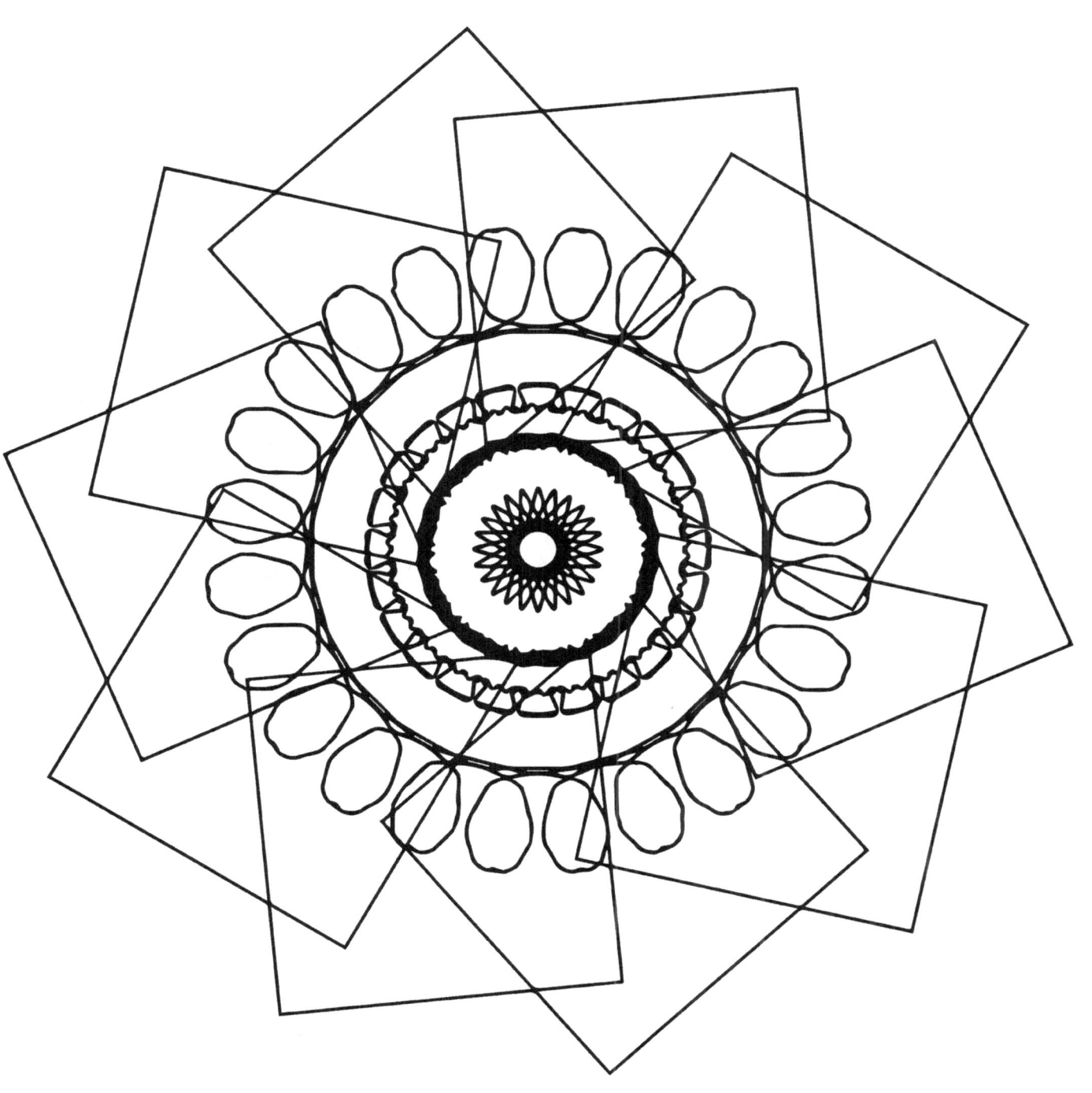

Actividad 77: Te quiero

Actividad 78: Maravilla

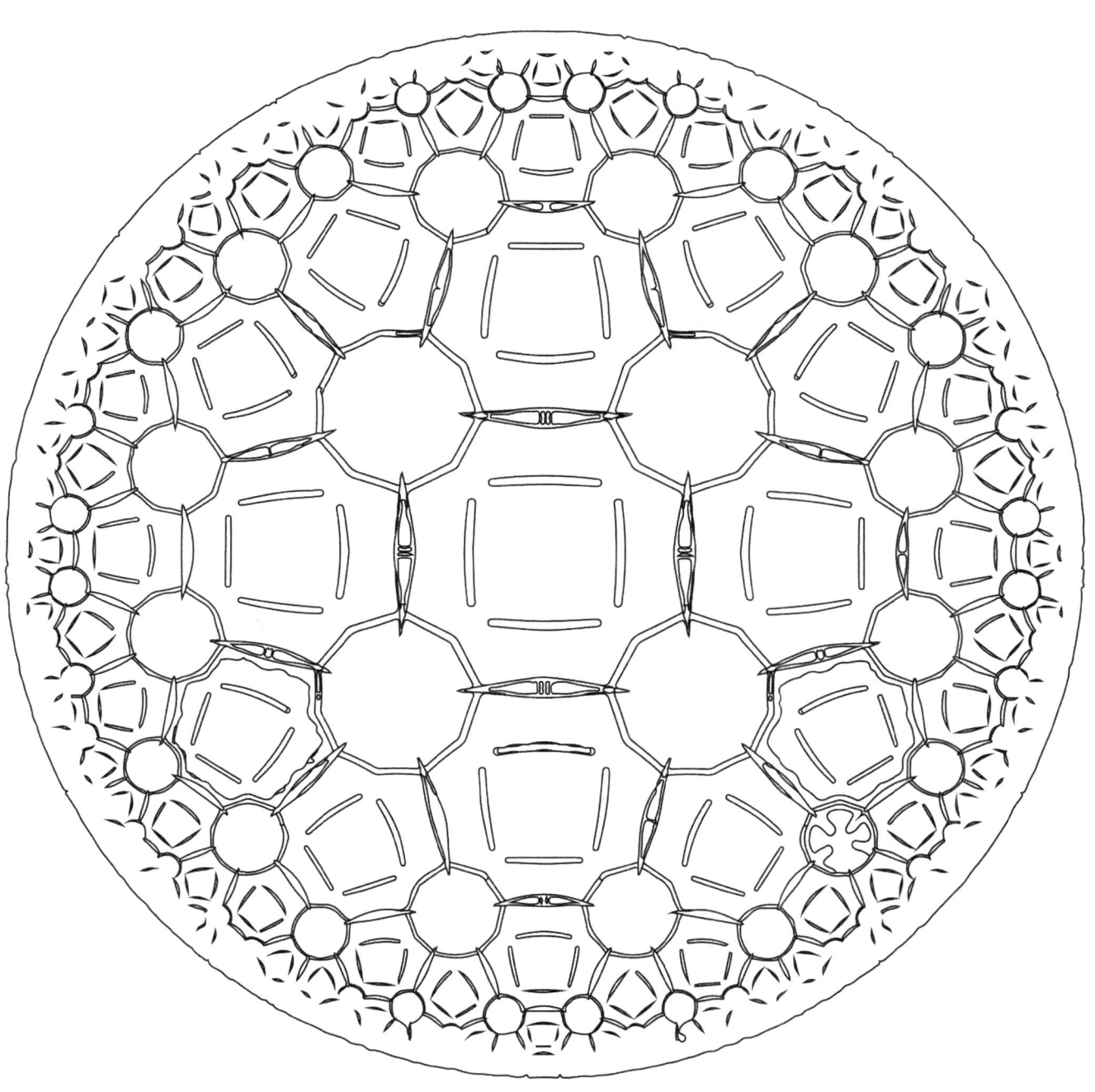

Actividad 79: Cuatro

Actividad 80: Campo de Electrones

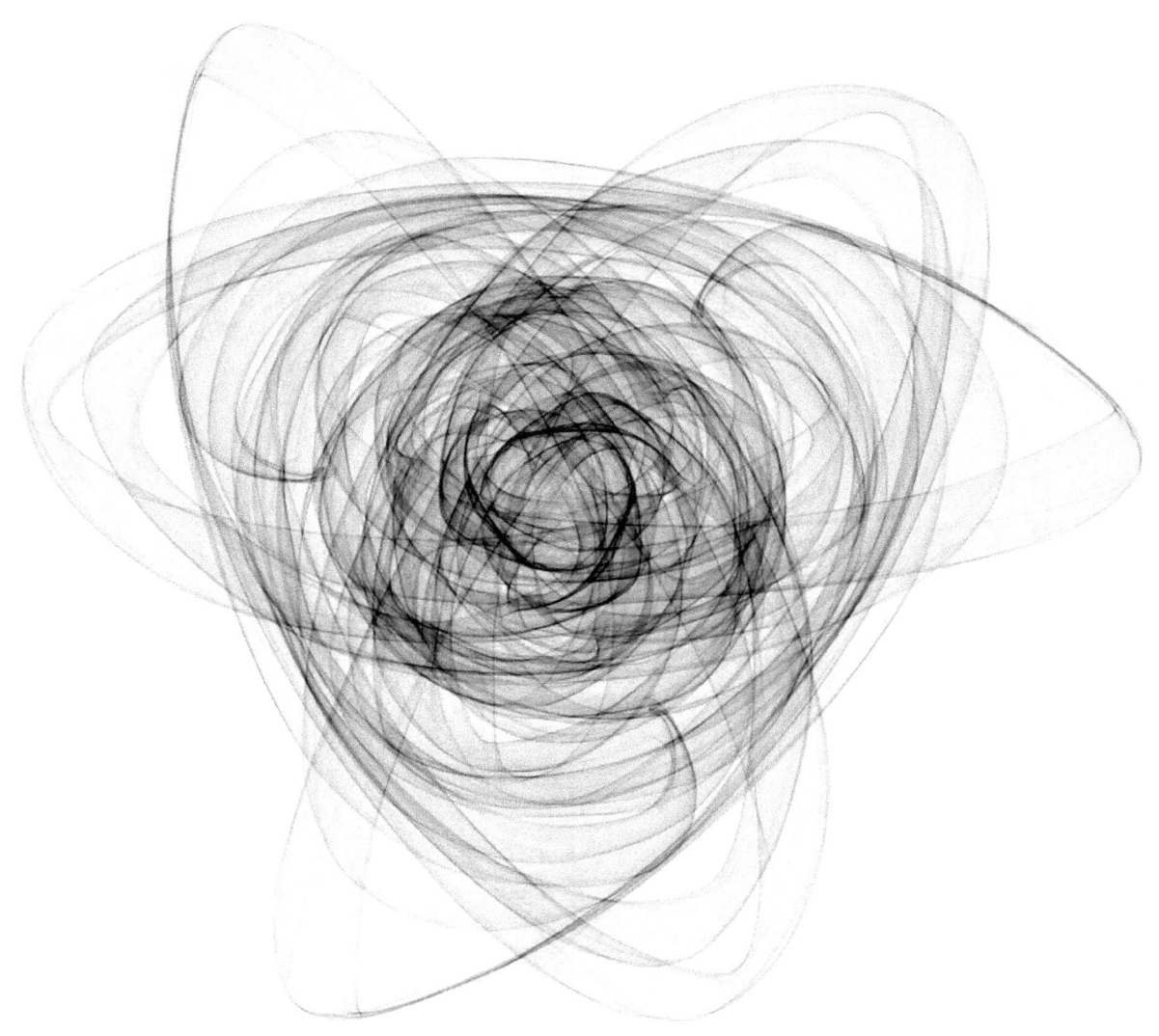

Actividad 81: Humanidad

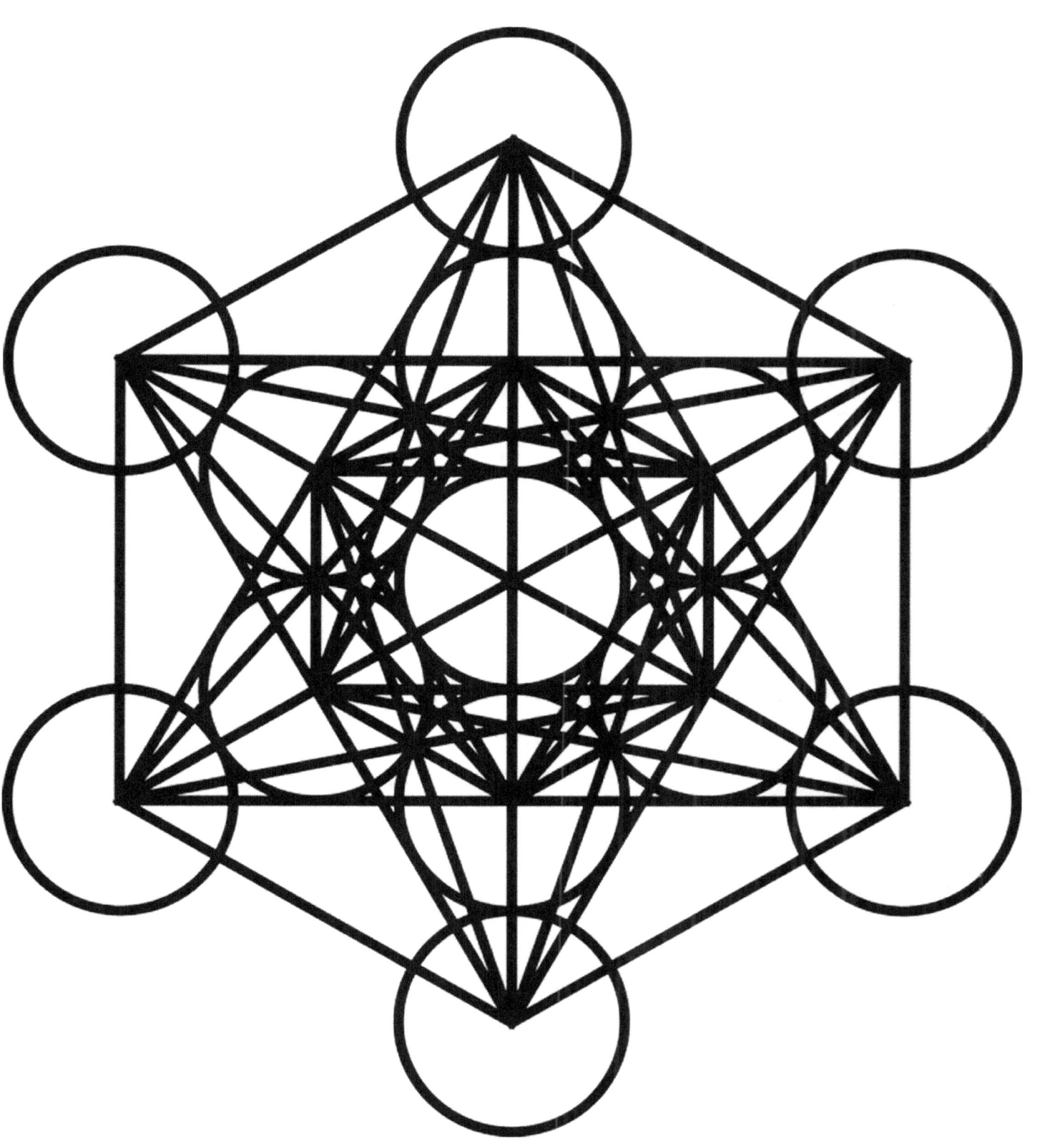

Actividad 82: Vía Láctea

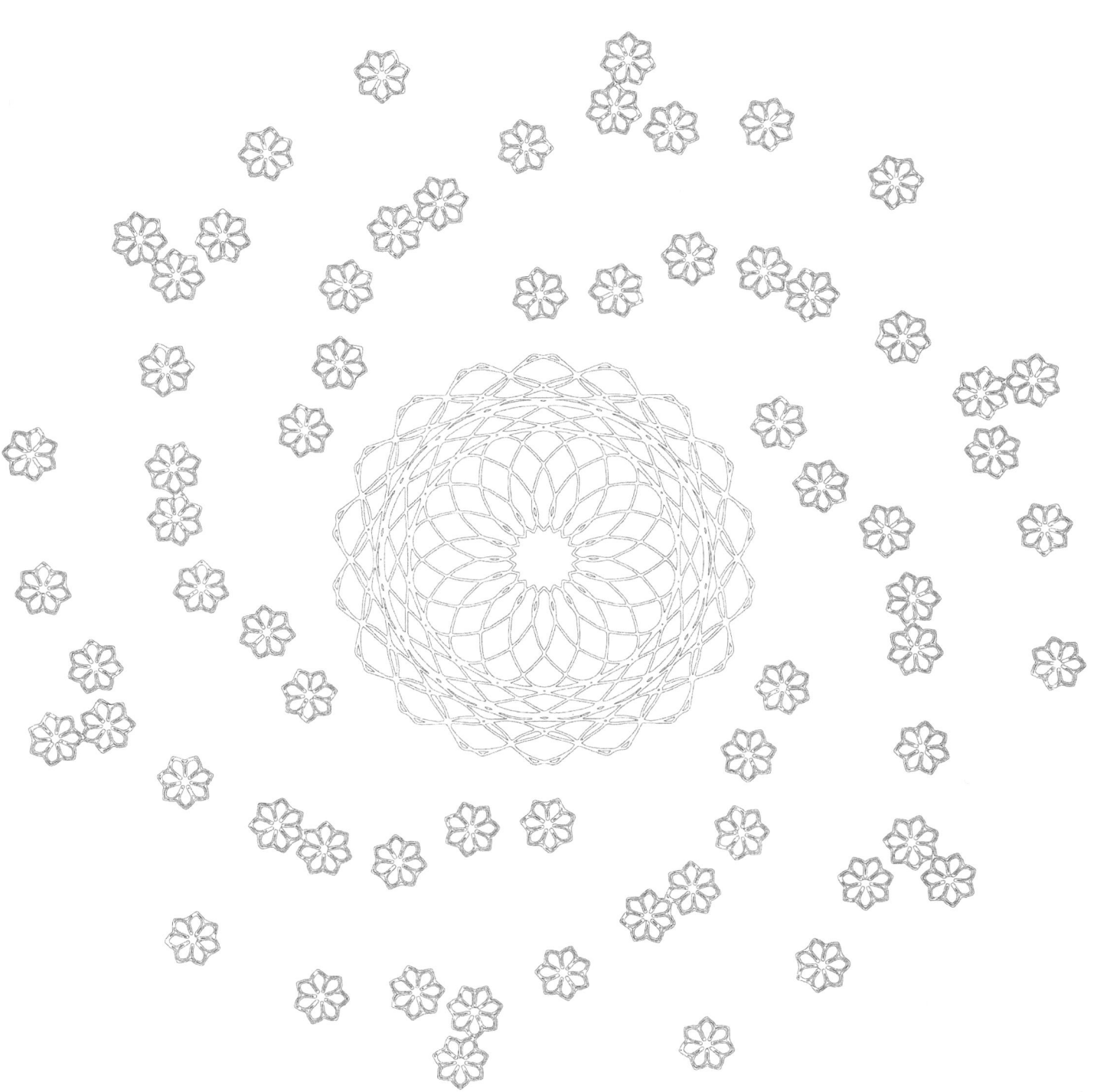

Actividad 83: Tercera Clase

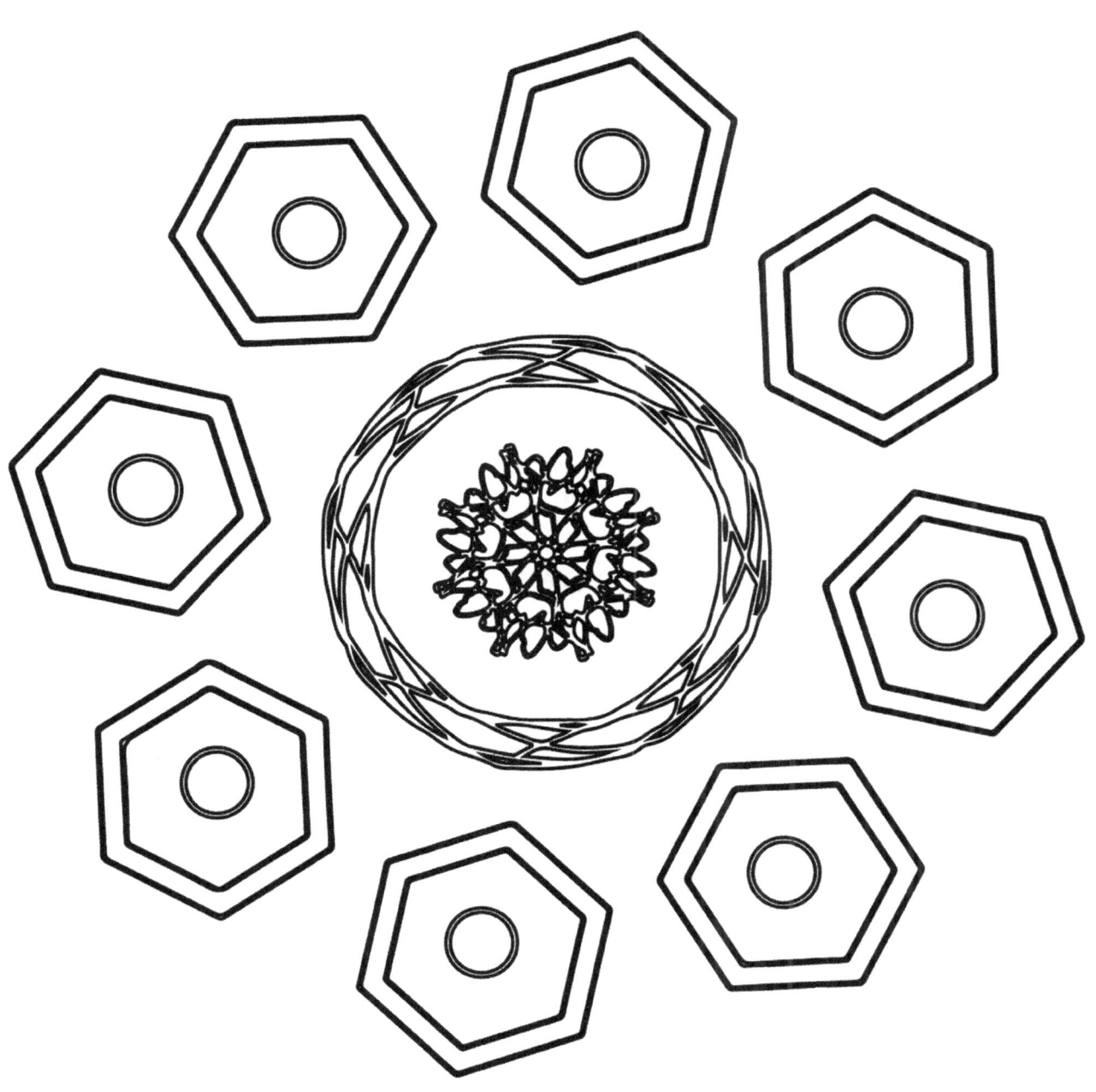

Actividad 84: Campana Azul

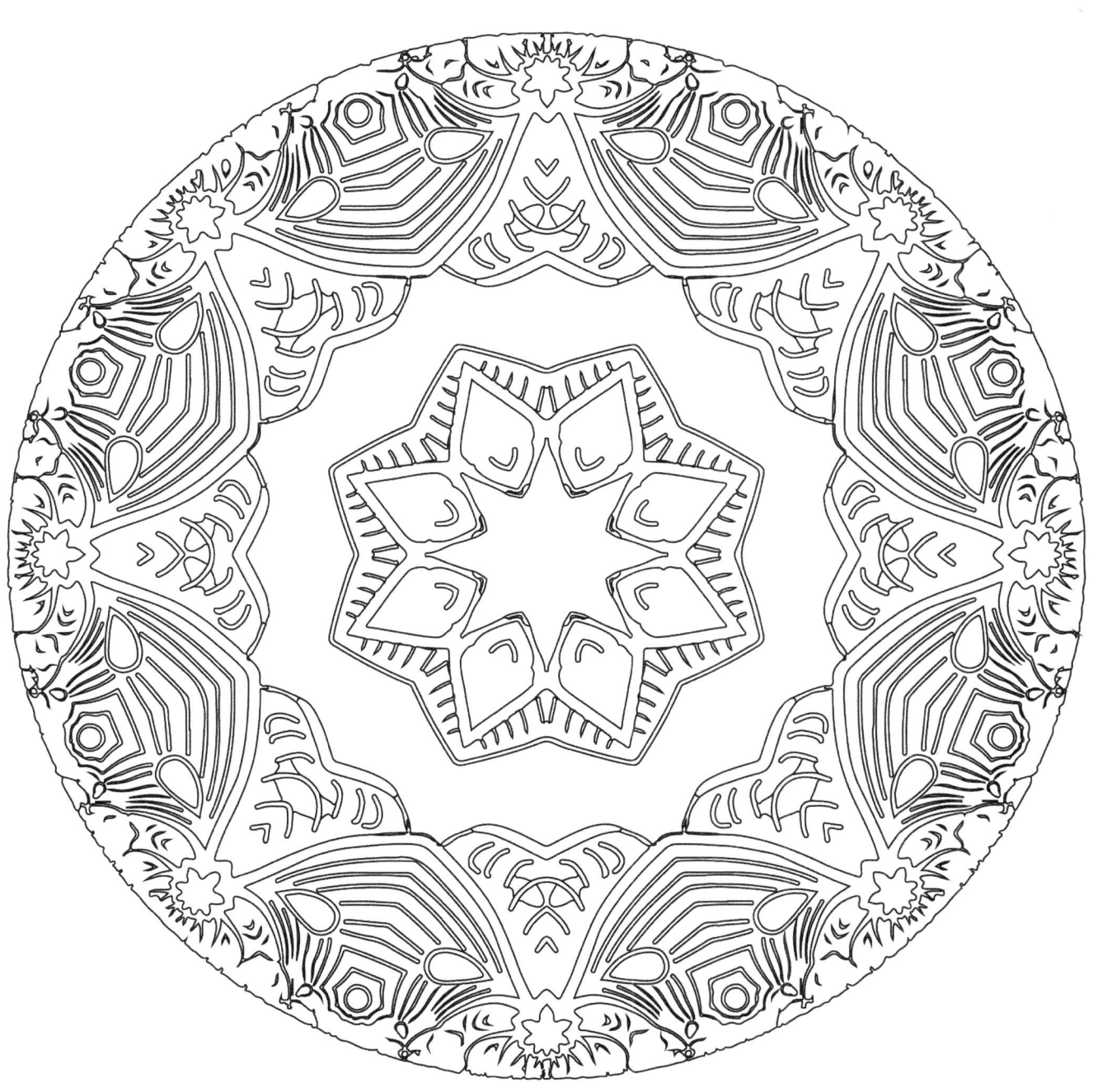

Actividad 84: Campana Azul

Actividad 85: Calendula

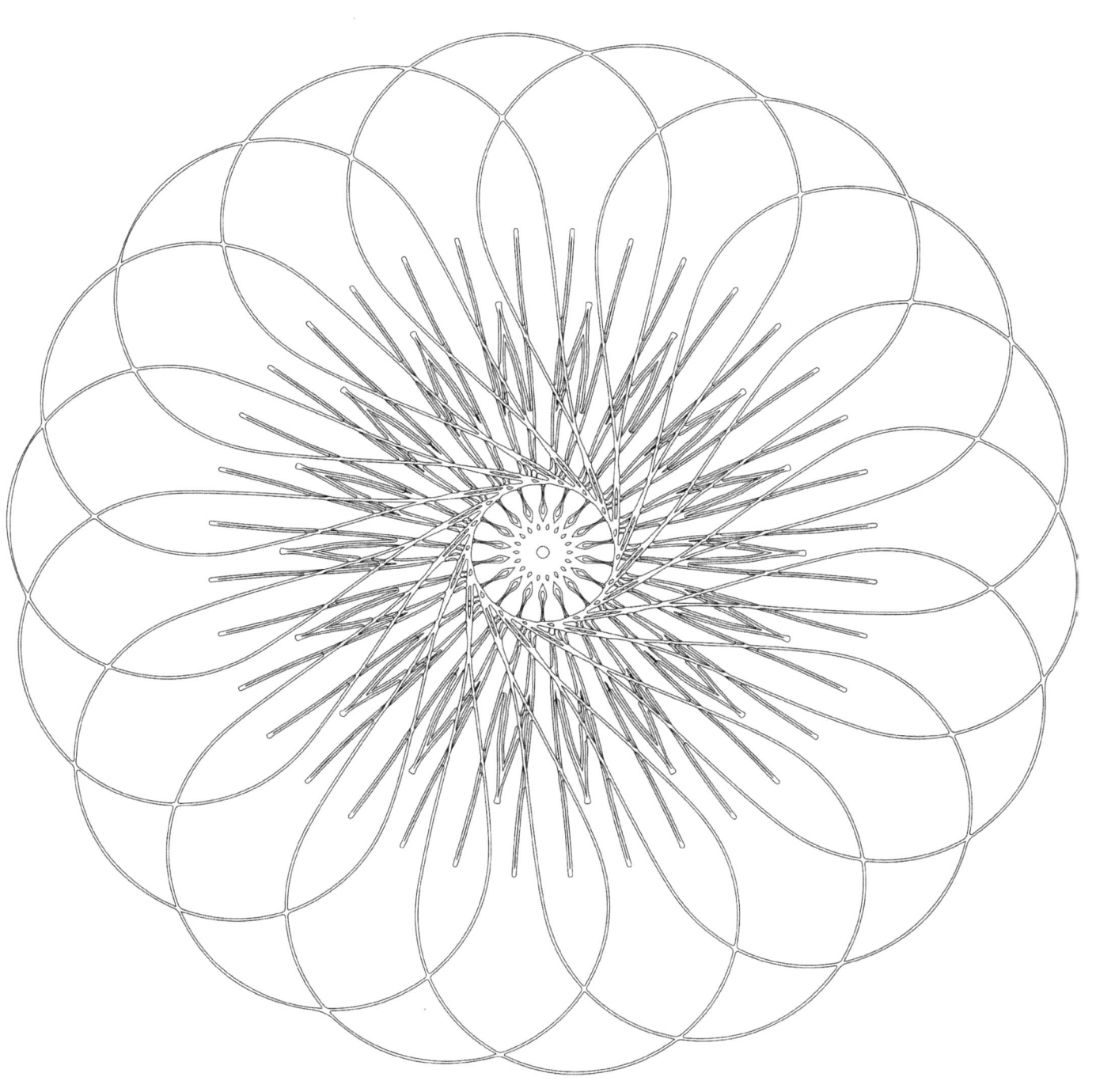

Actividad 85: Calendula

Actividad 86: Dalia

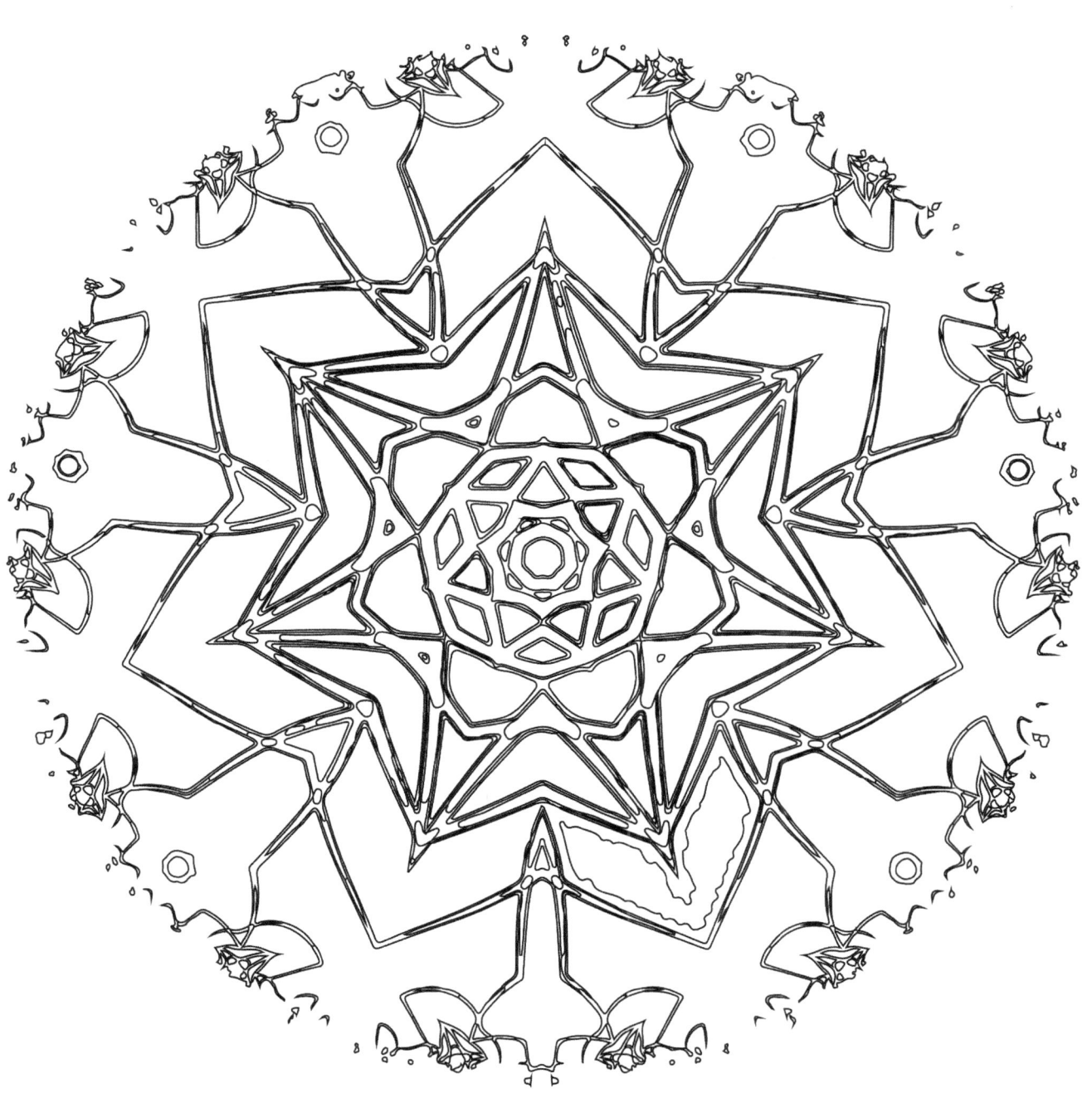

Actividad 87: Girasol

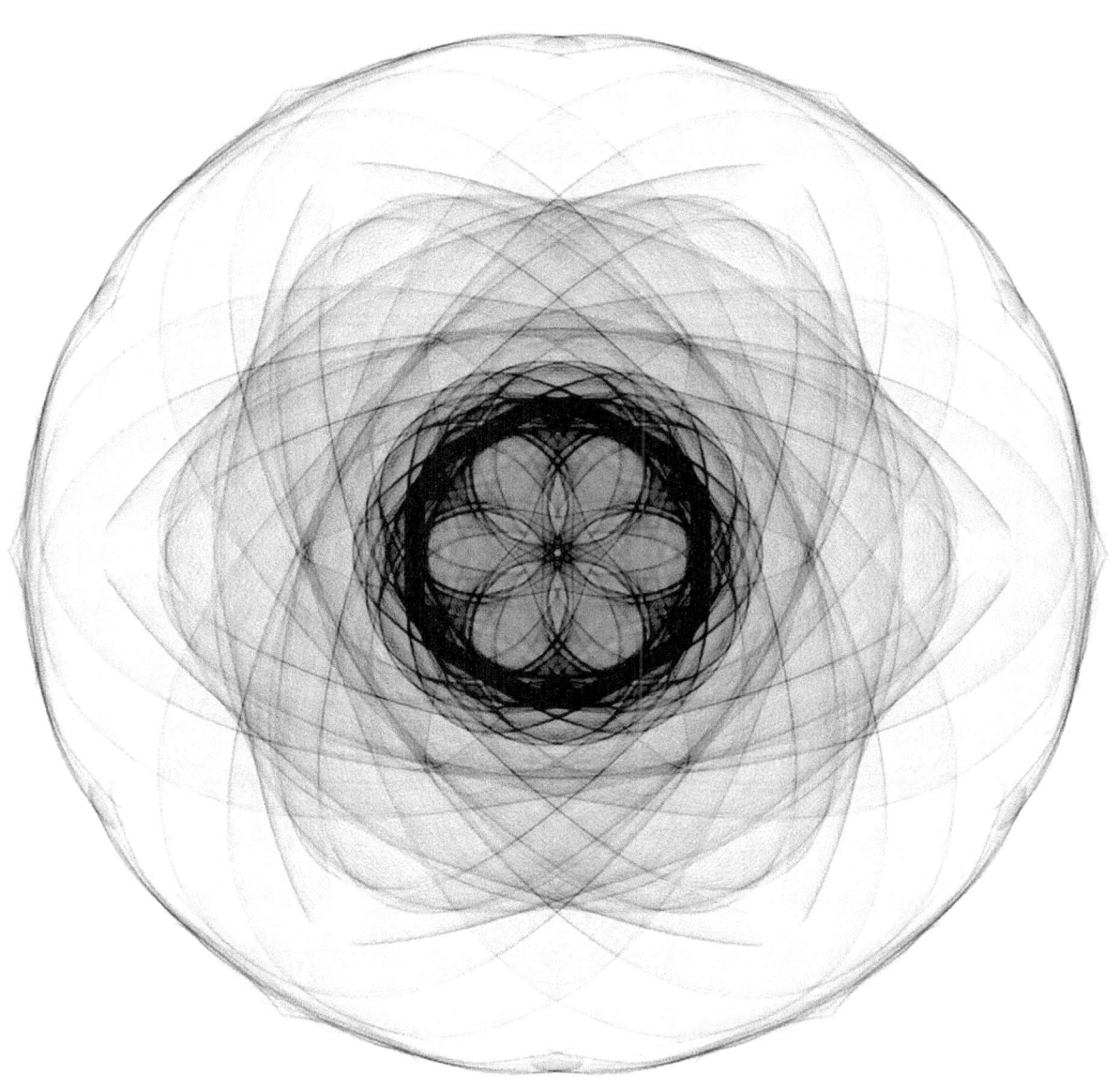

Actividad 88: Palacio de Agua

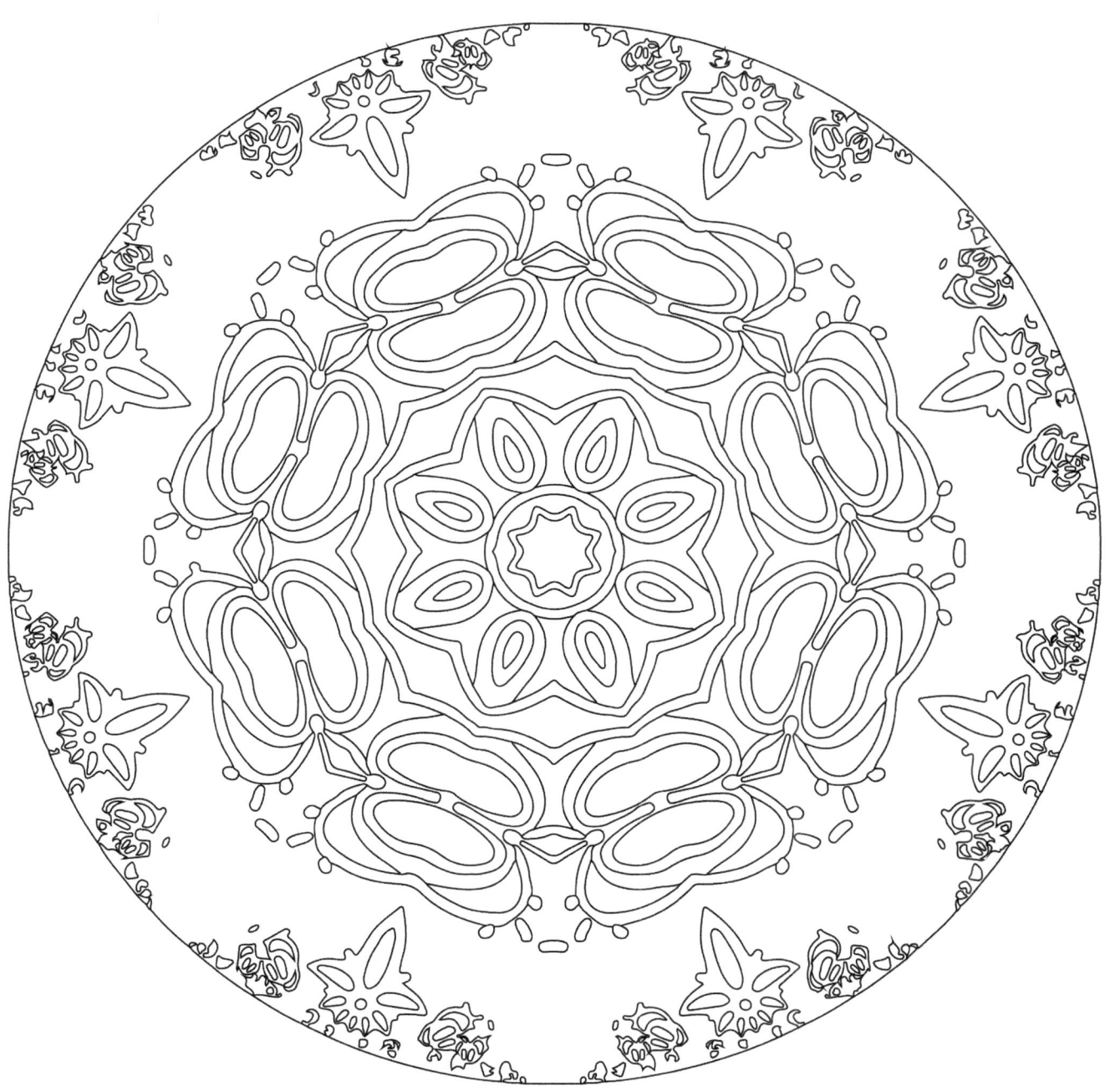

Actividad 88: Palacio de Agua

Actividad 89: Maravillosa

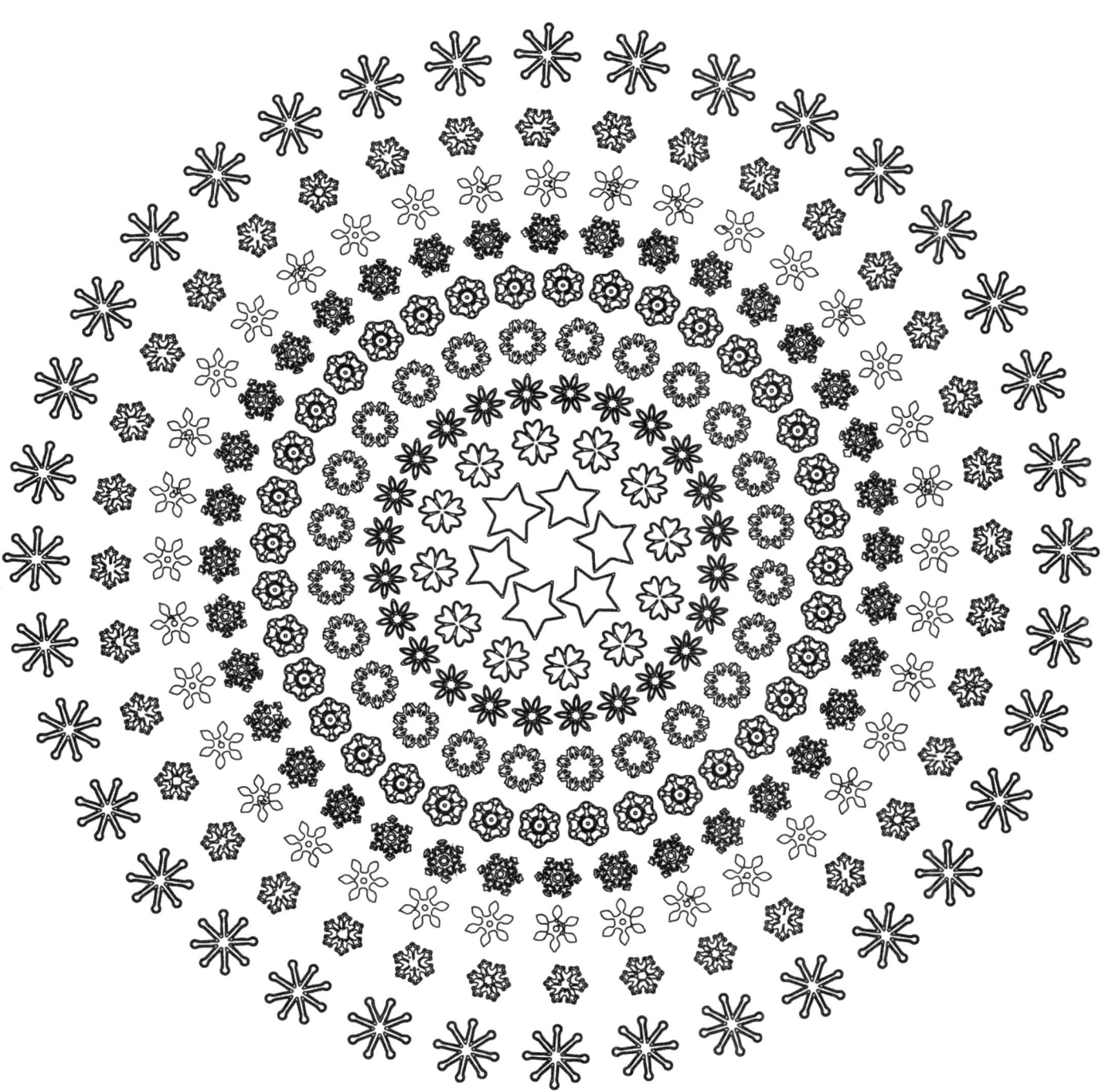

Actividad 89: Maravillosa

Actividad 90: Circulo Perfecto

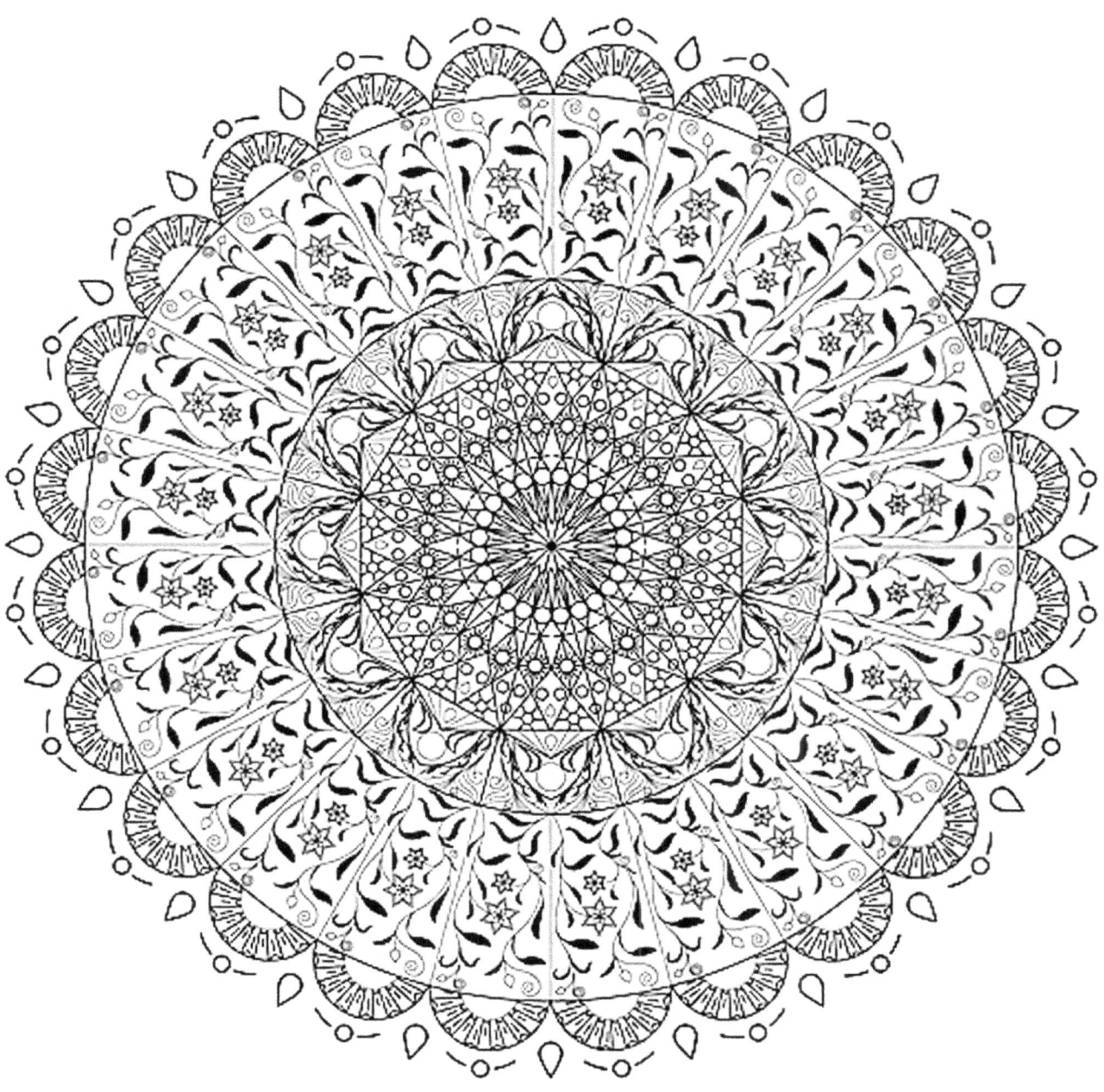

Geometría Sagrada y Sólidos Platónicos Libro para Colorear

Actividad 90: Circulo Perfecto

Actividad 91: El Altar

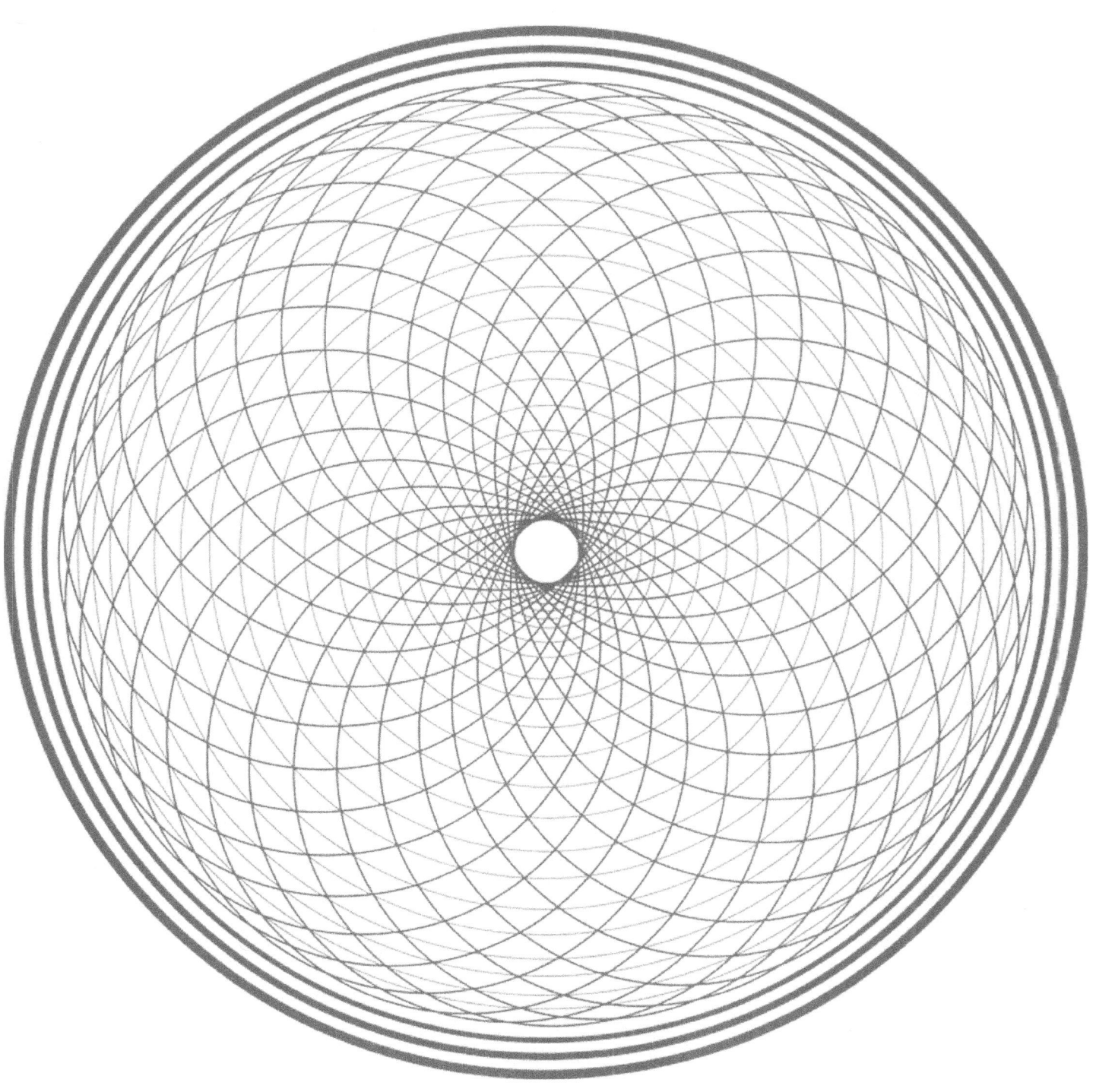

Actividad 91: El Altar

Actividad 92: La Fortaleza

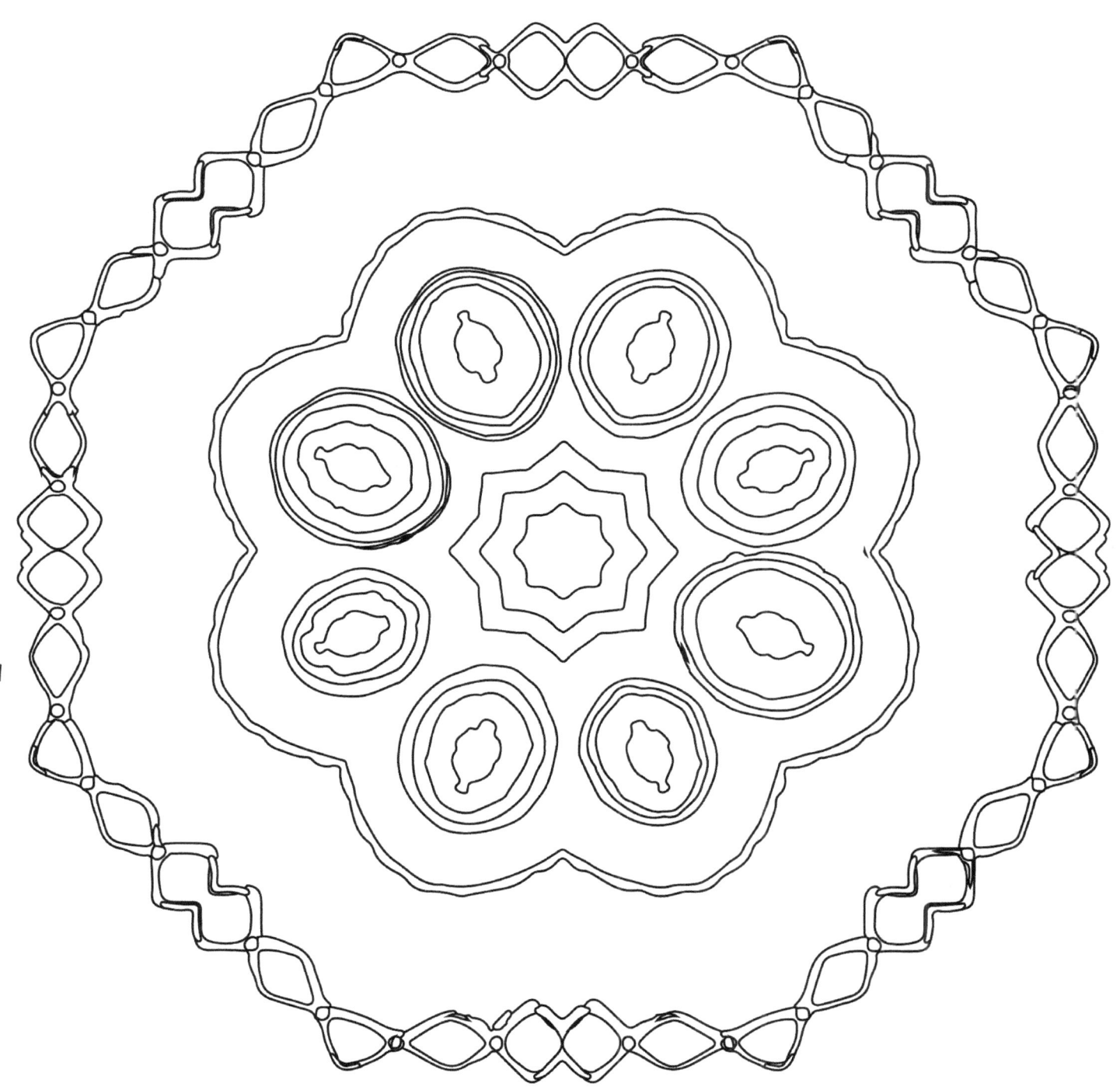

Geometría Sagrada y Sólidos Platónicos Libro para Colorear

Actividad 92: La Fortaleza

Actividad 93: Cagliostro

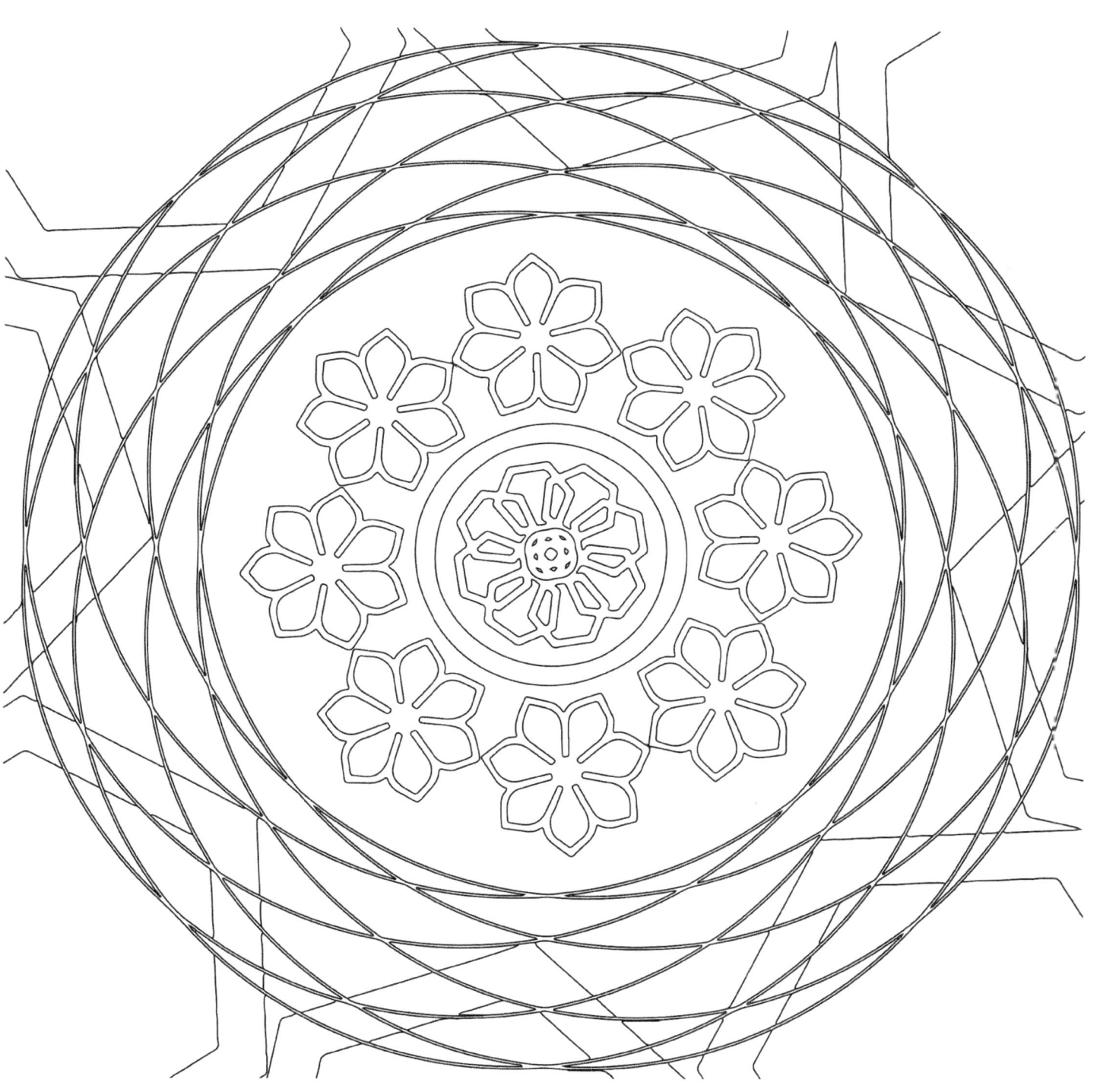

Actividad 94: Flor egipcia

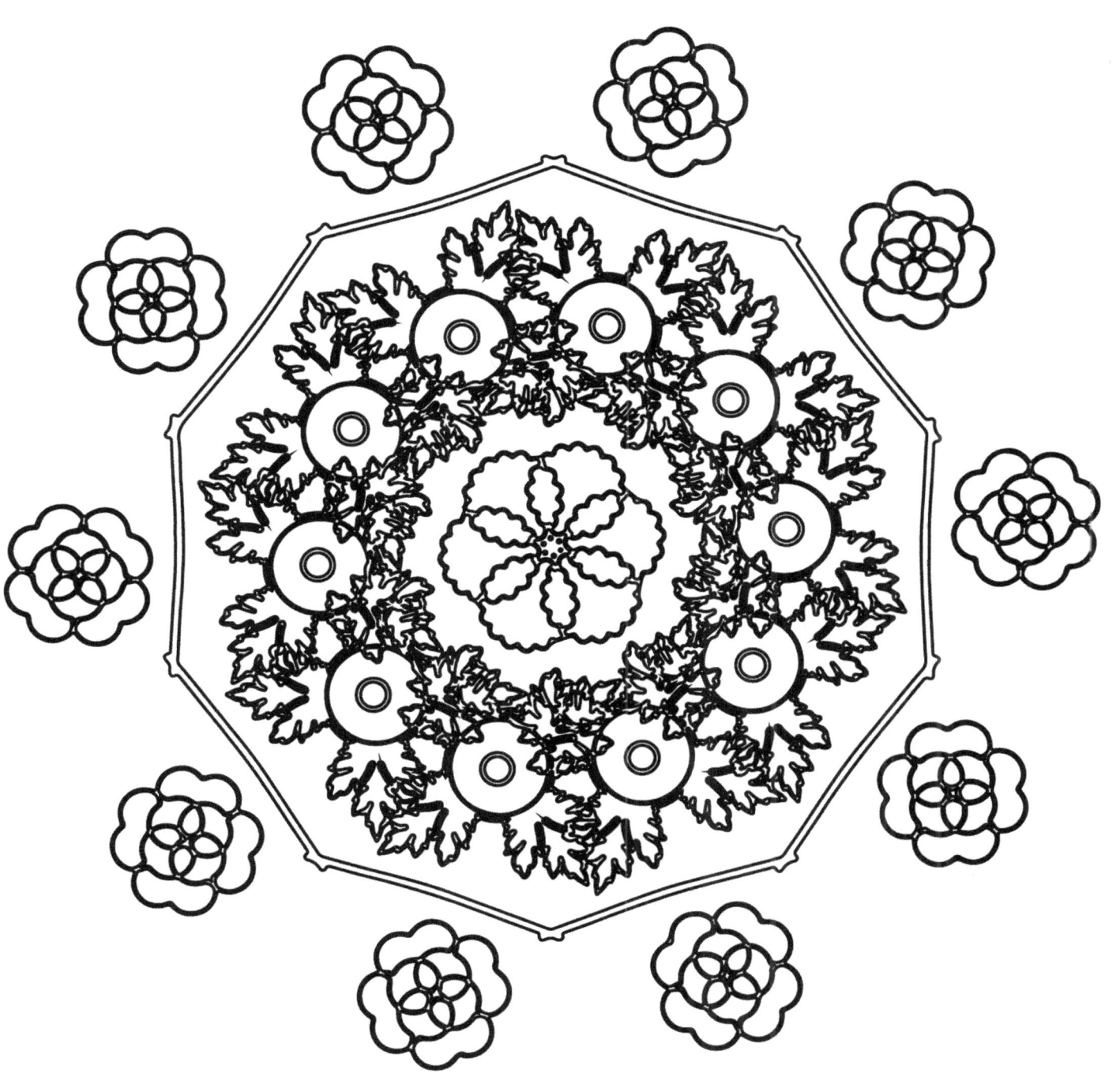

Actividad 94: Flor egipcia

Actividad 95: Diamante Rosado

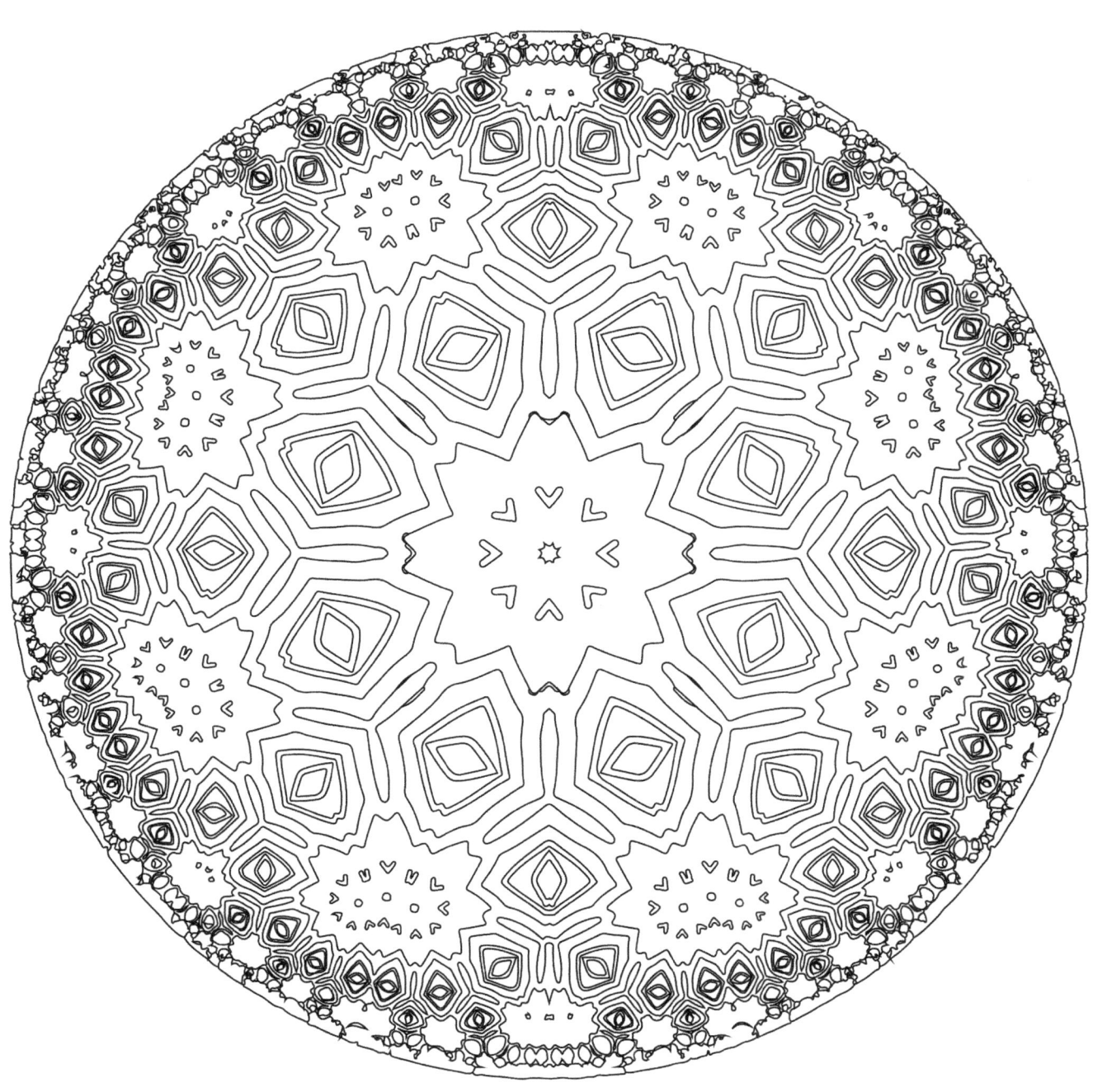

Actividad 95: Diamante Rosado

Actividad 96: Revelación

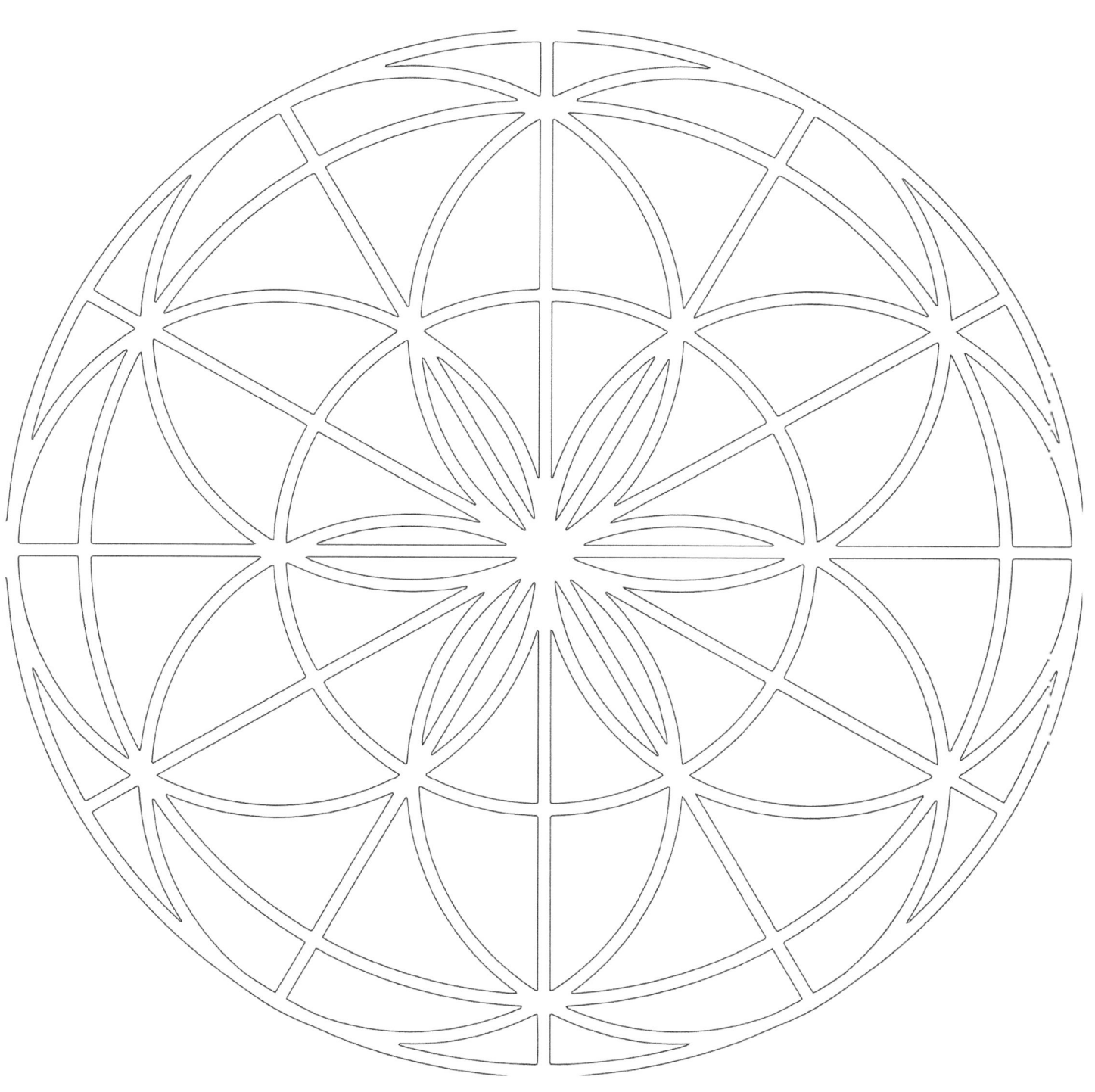

Actividad 97: Árbol de la Verdad

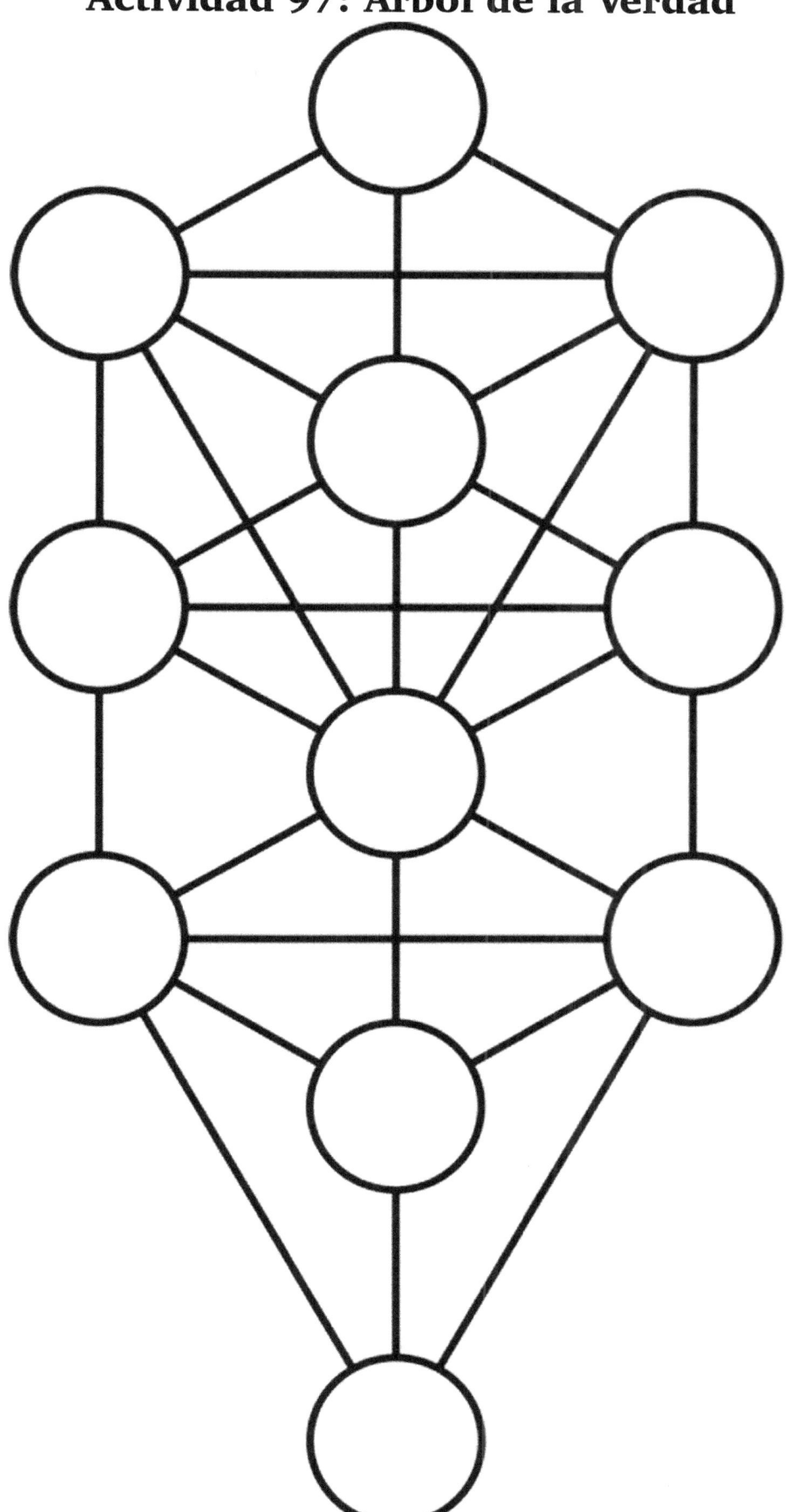

Actividad 97: Árbol de la Verdad

Actividad 98: Peony

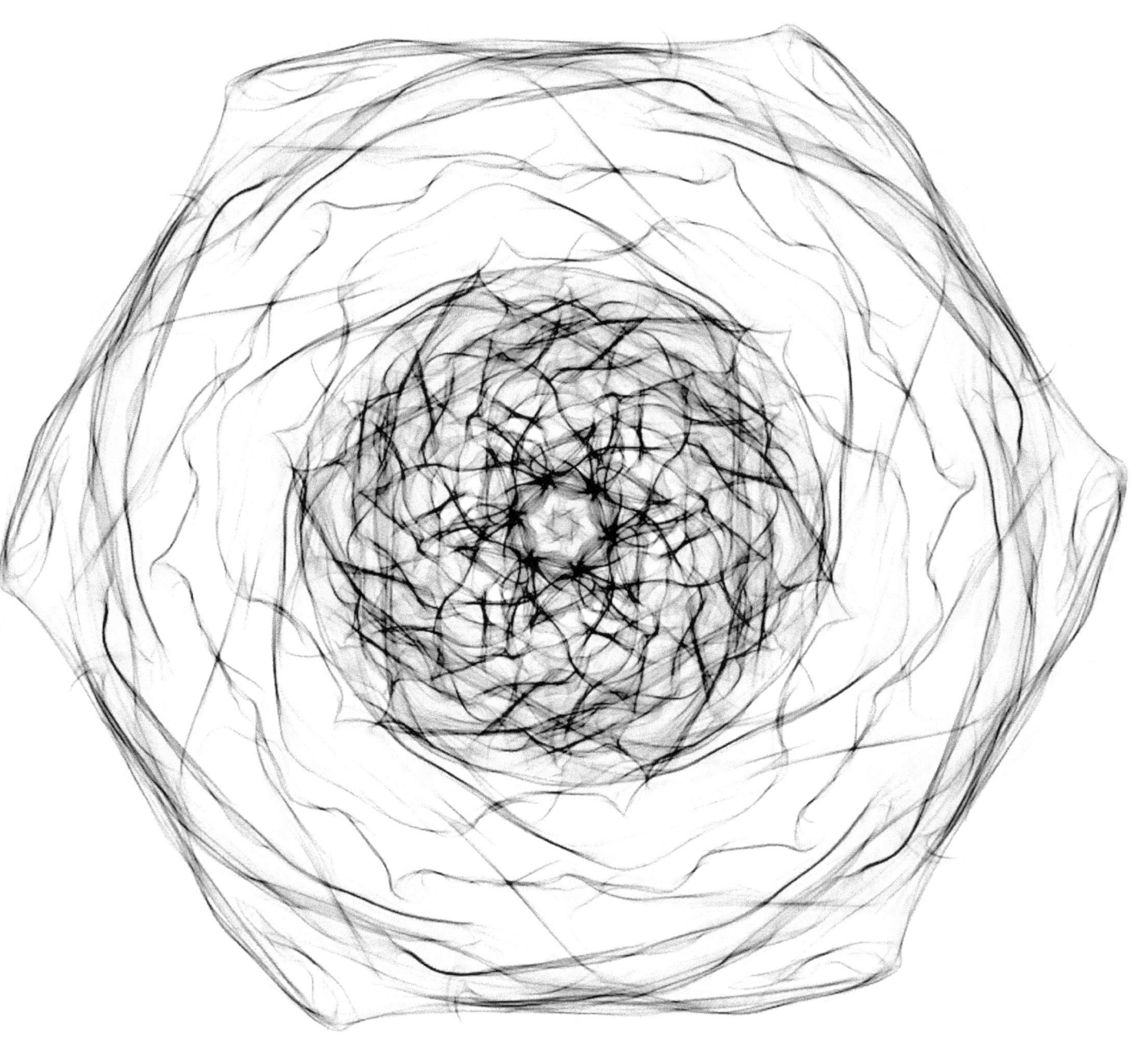

Actividad 98: Peony

Actividad 99: Mario mundo

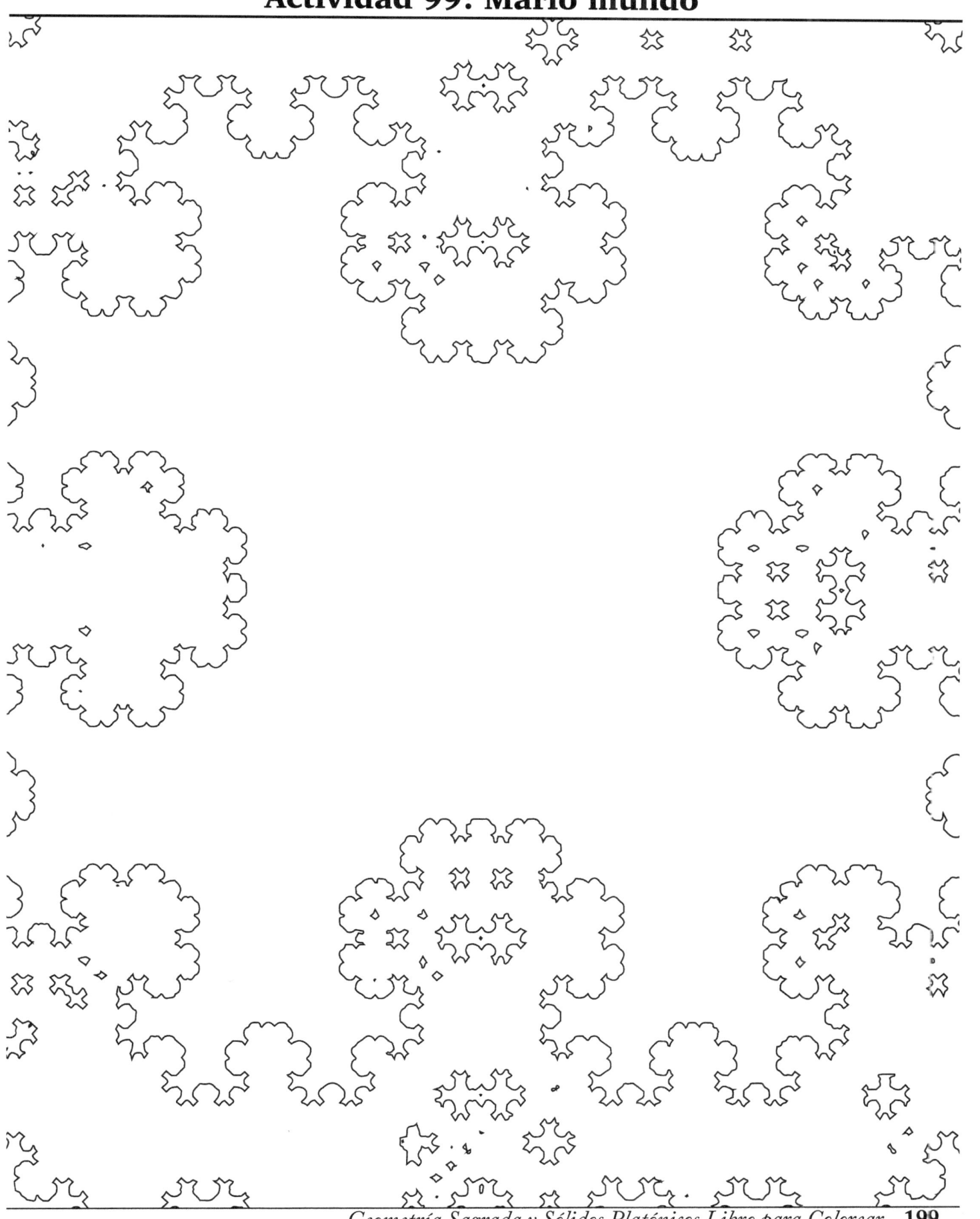

Geometría Sagrada y Sólidos Platónicos Libro para Colorear

Actividad 100: Éter

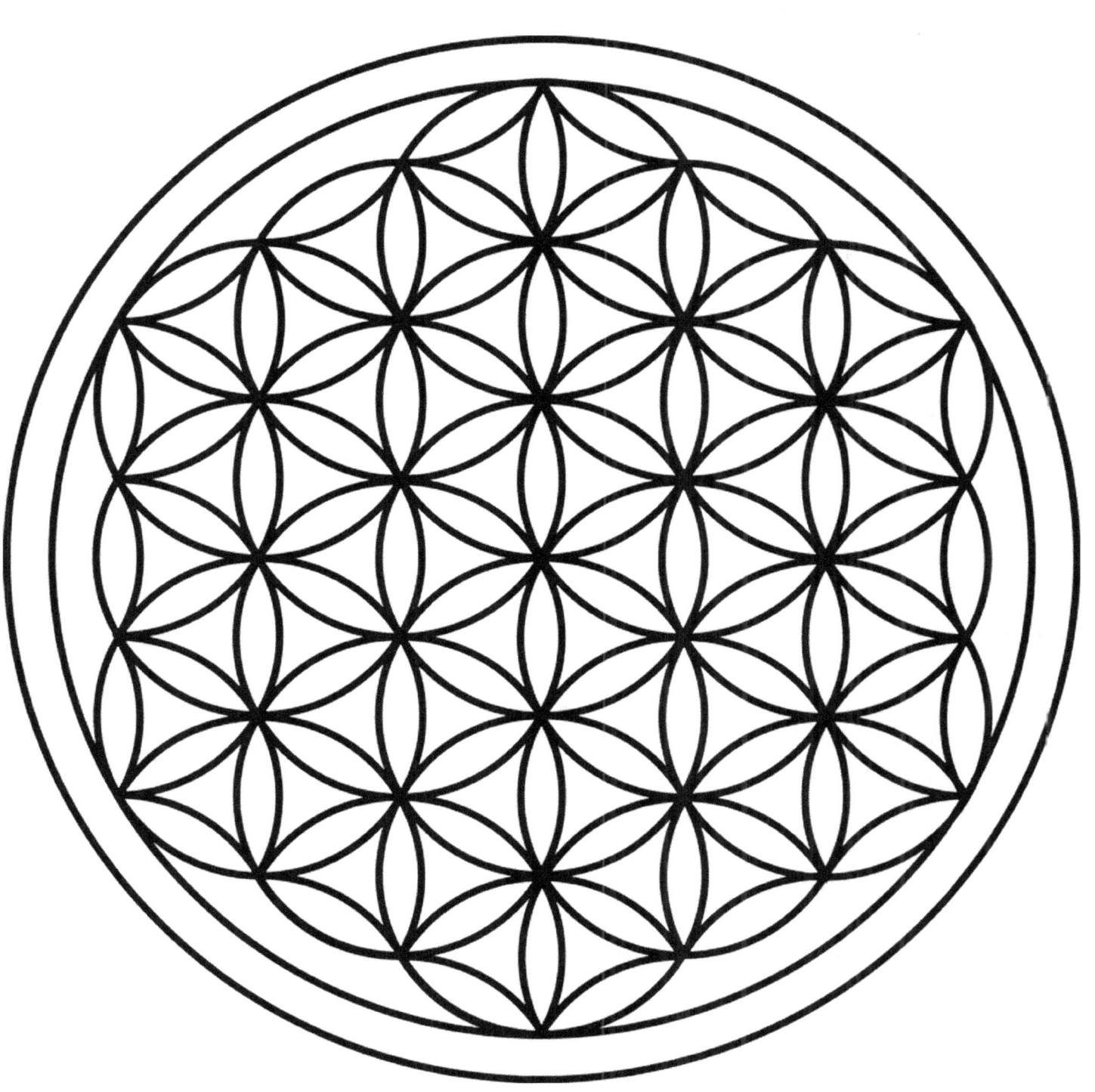

Actividad 101: Rey Carlos

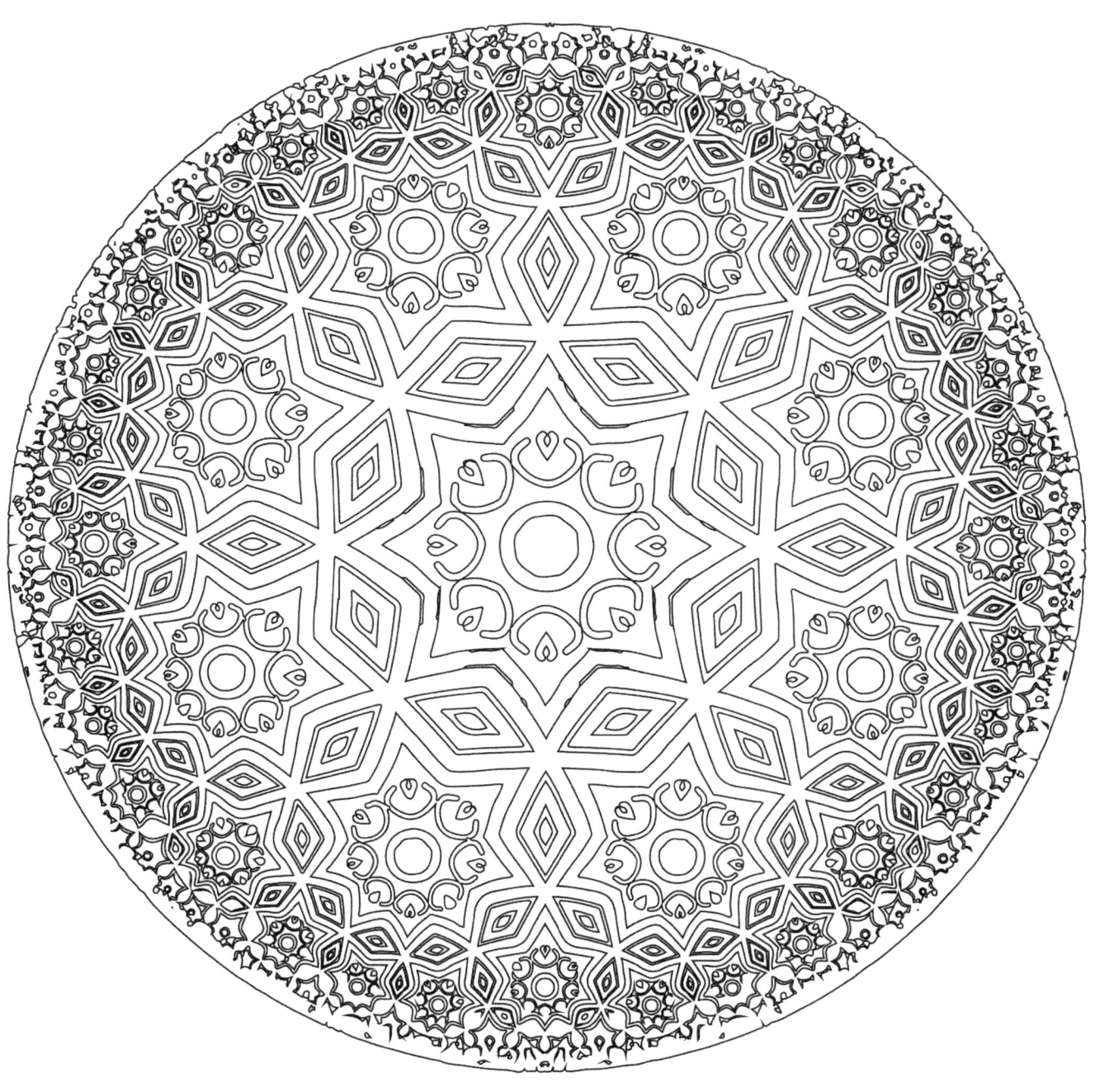

Geometría Sagrada y Sólidos Platónicos Libro para Colorear

Actividad 101: Rey Carlos

Actividad 102: Burbujas

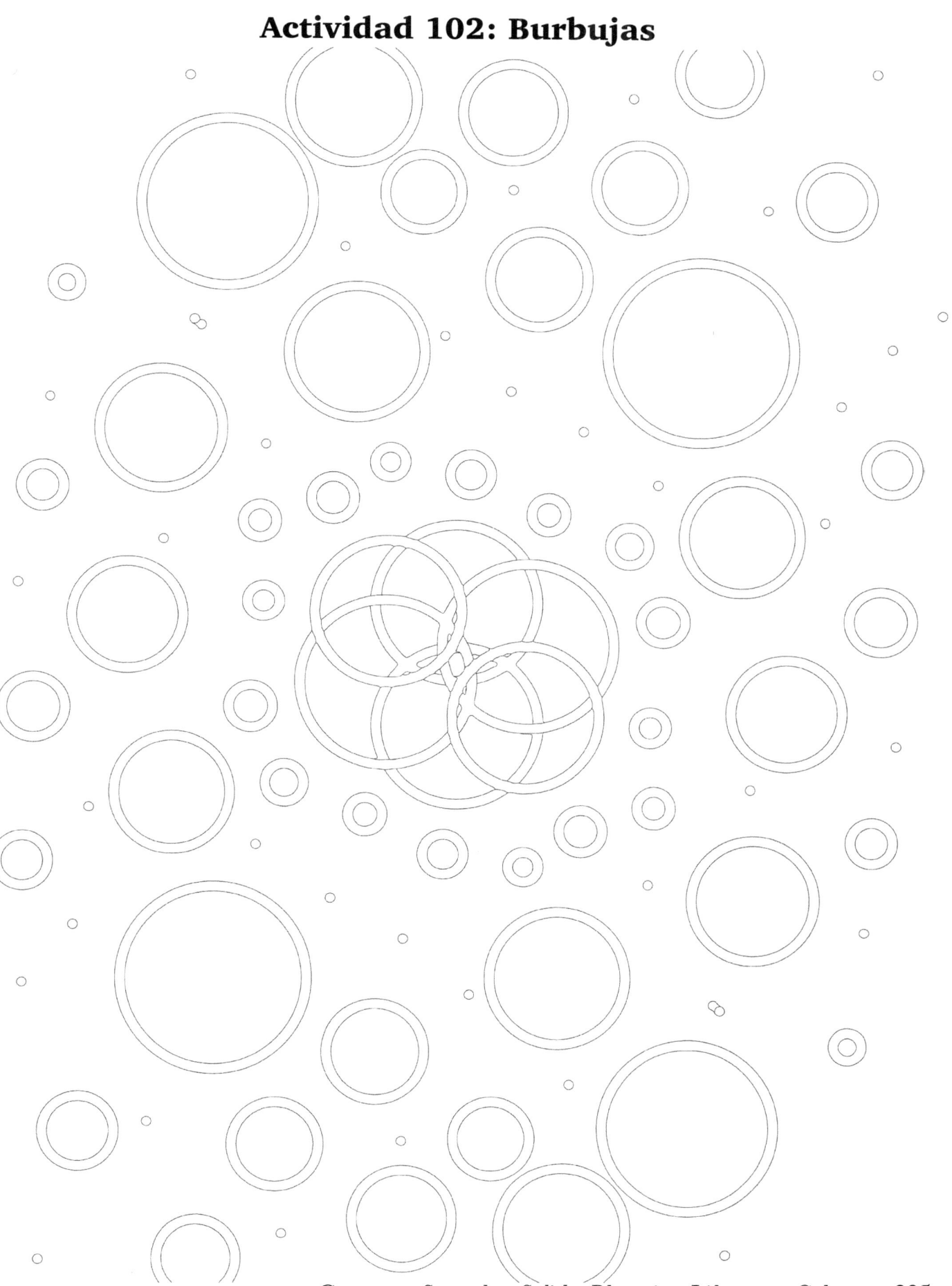

Actividad 103: Invasión

Actividad 104: Prisionero

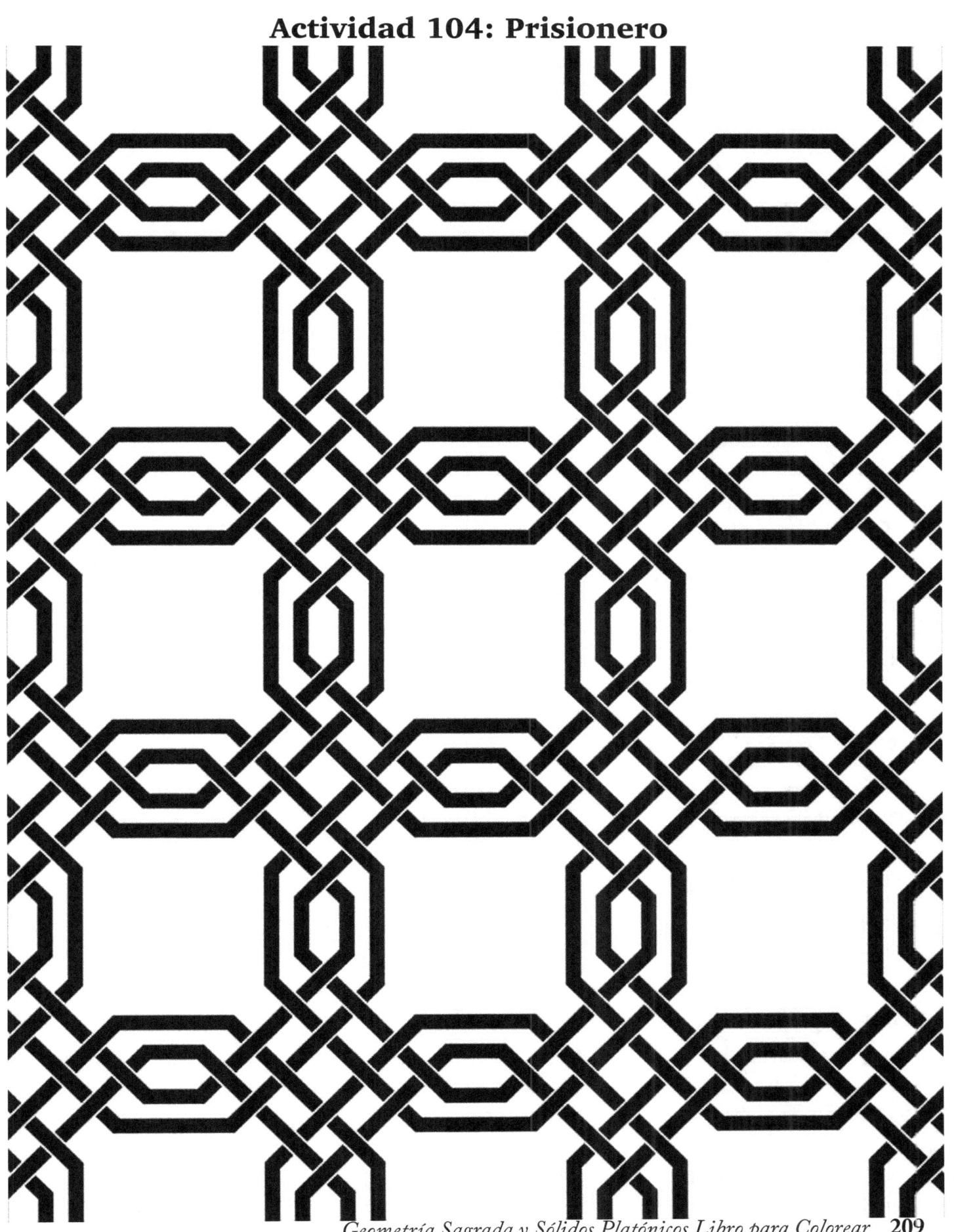

Actividad 104: Prisionero

Actividad 105: Incas

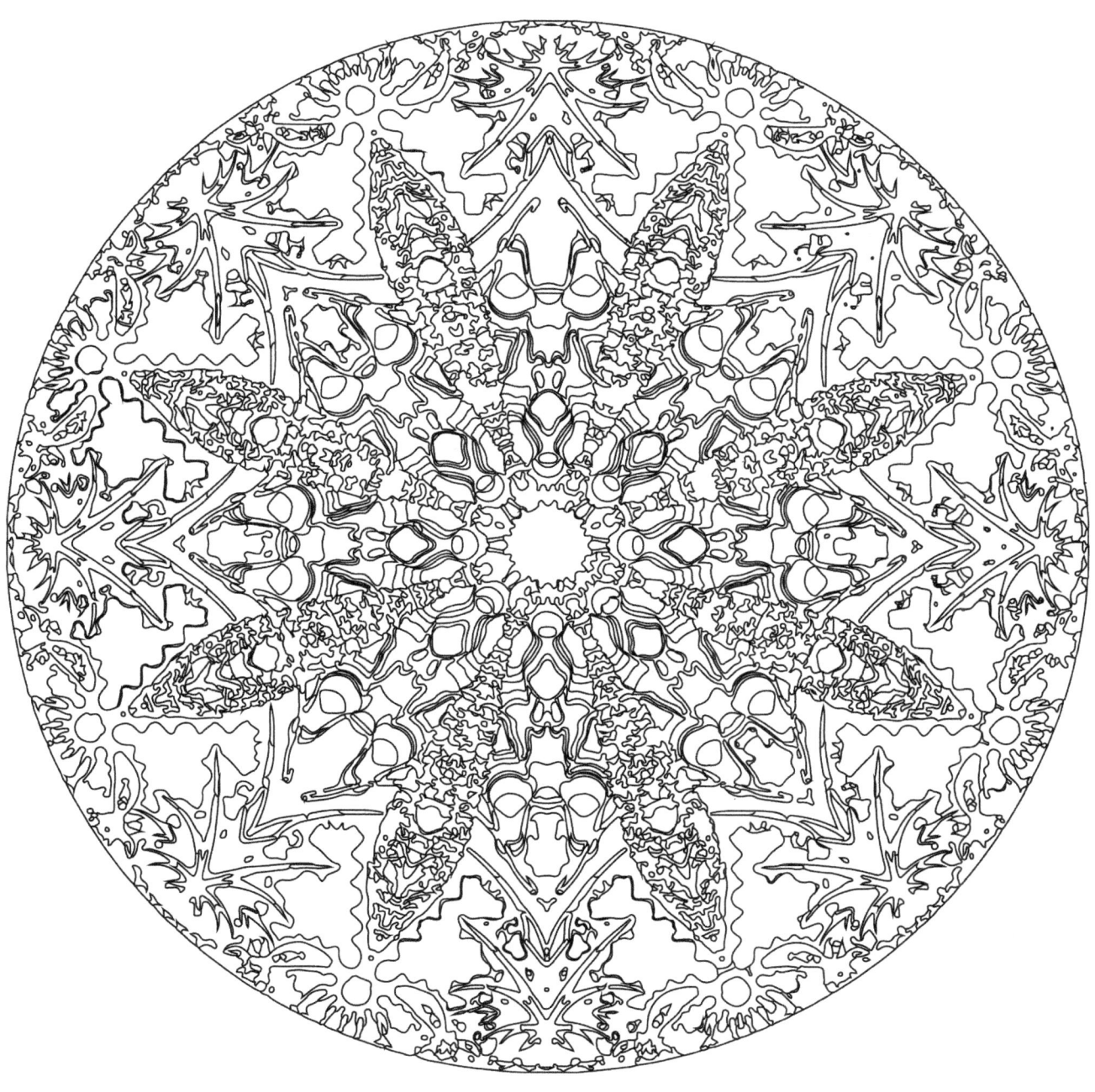

Actividad 106: Regla de 6

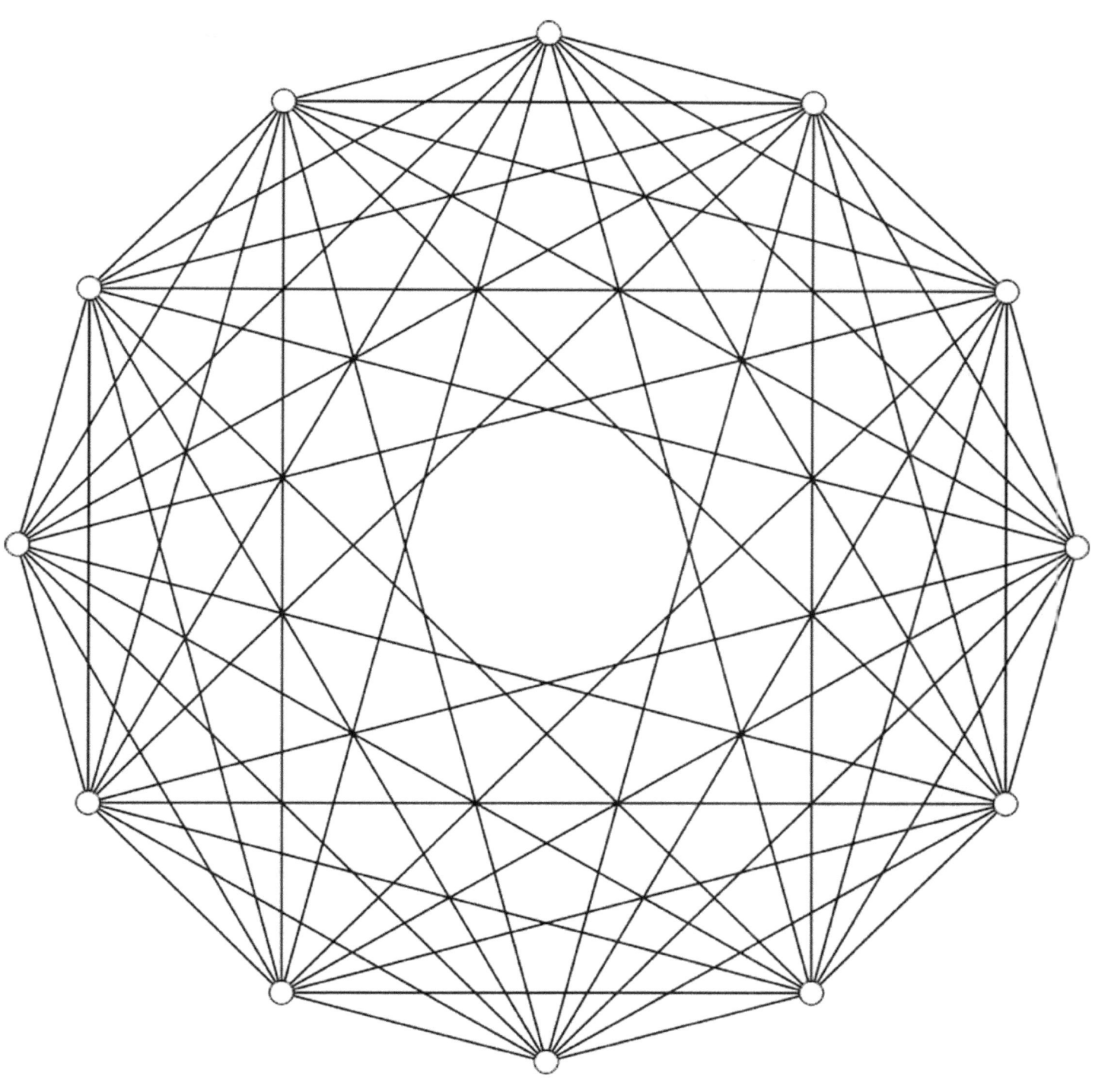

Actividad 107: Arte de Blavatsky

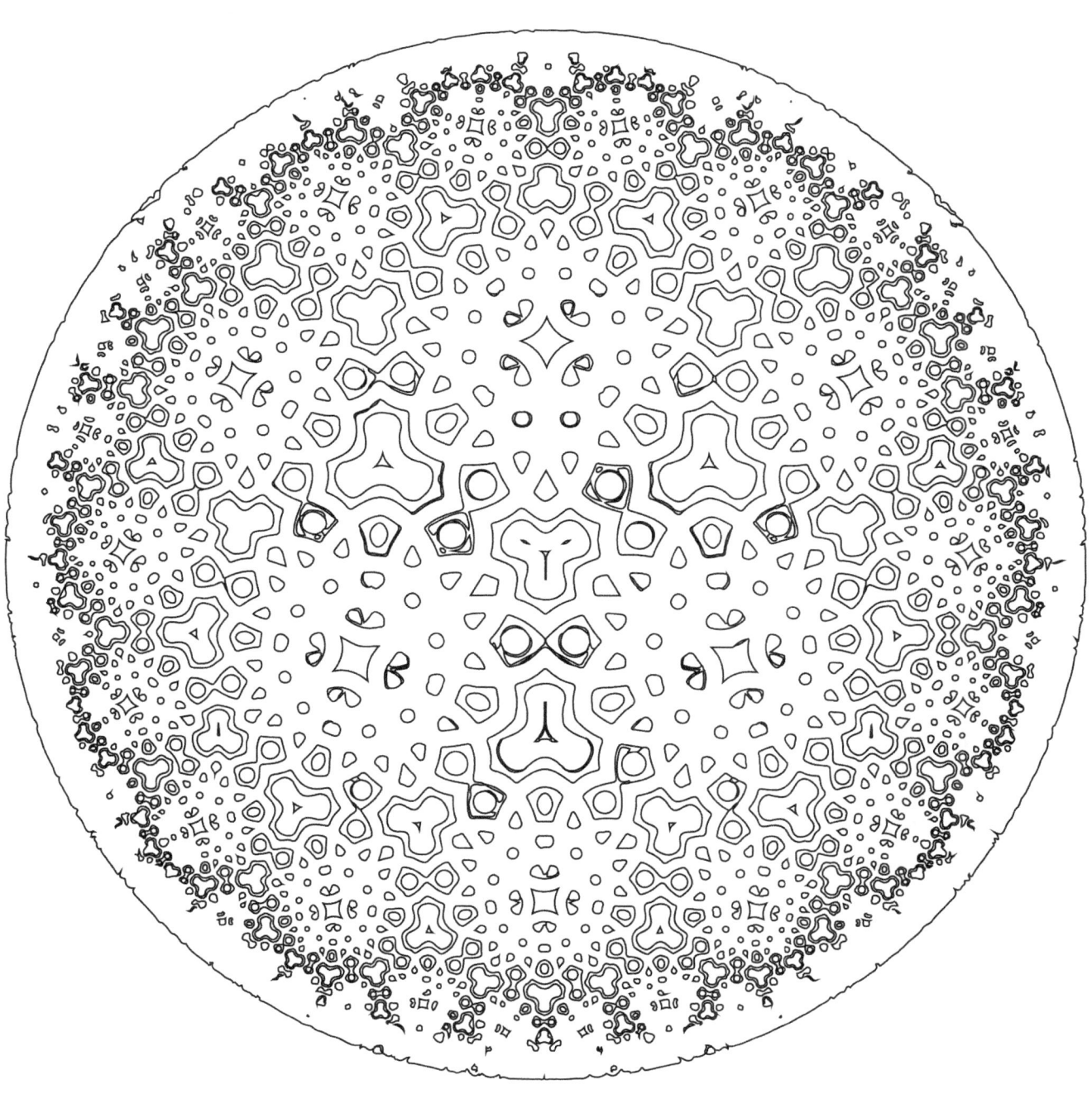

Actividad 108: Puerta del León

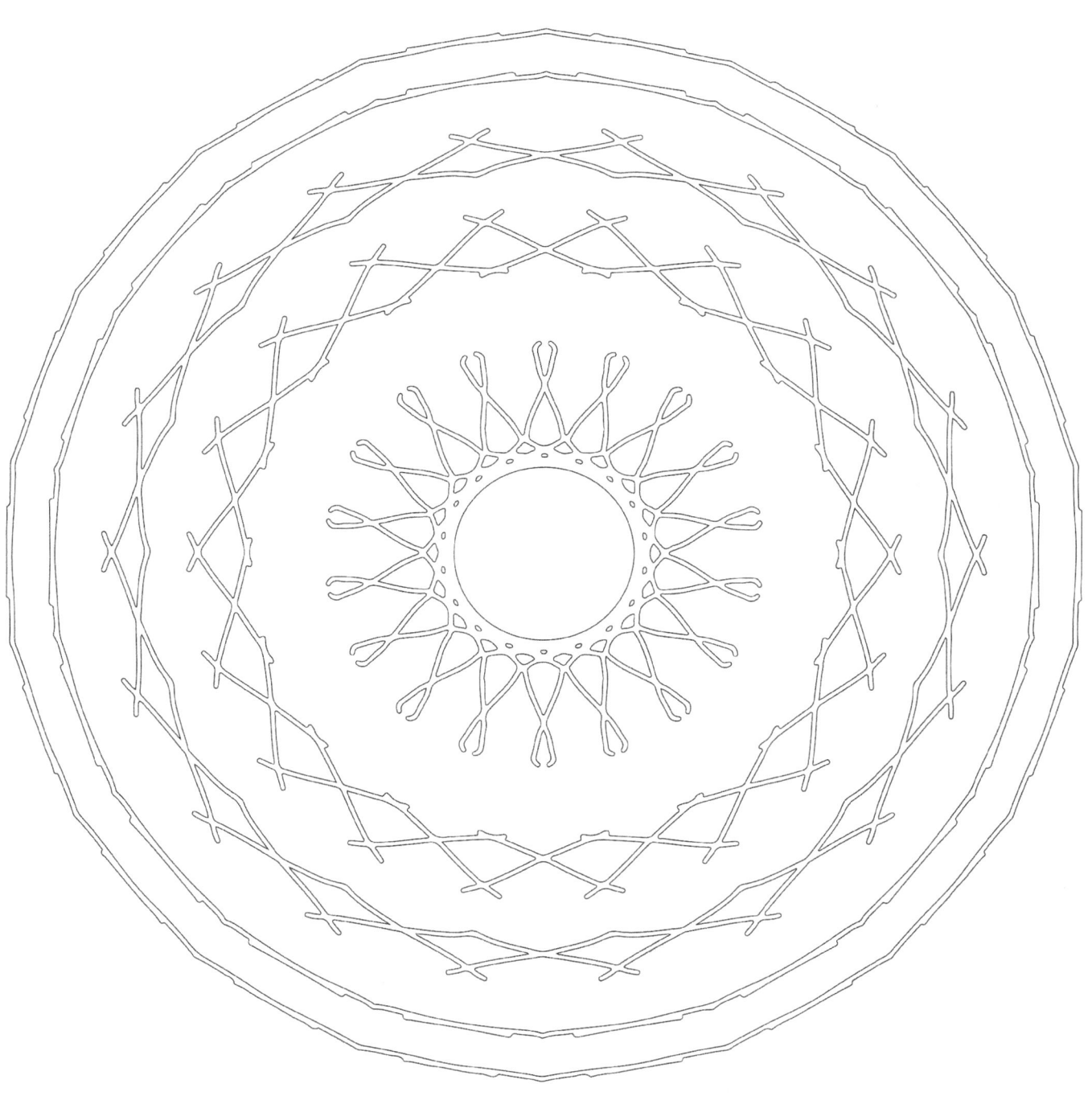

Actividad 108: Puerta del León

Actividad 109: Nubes

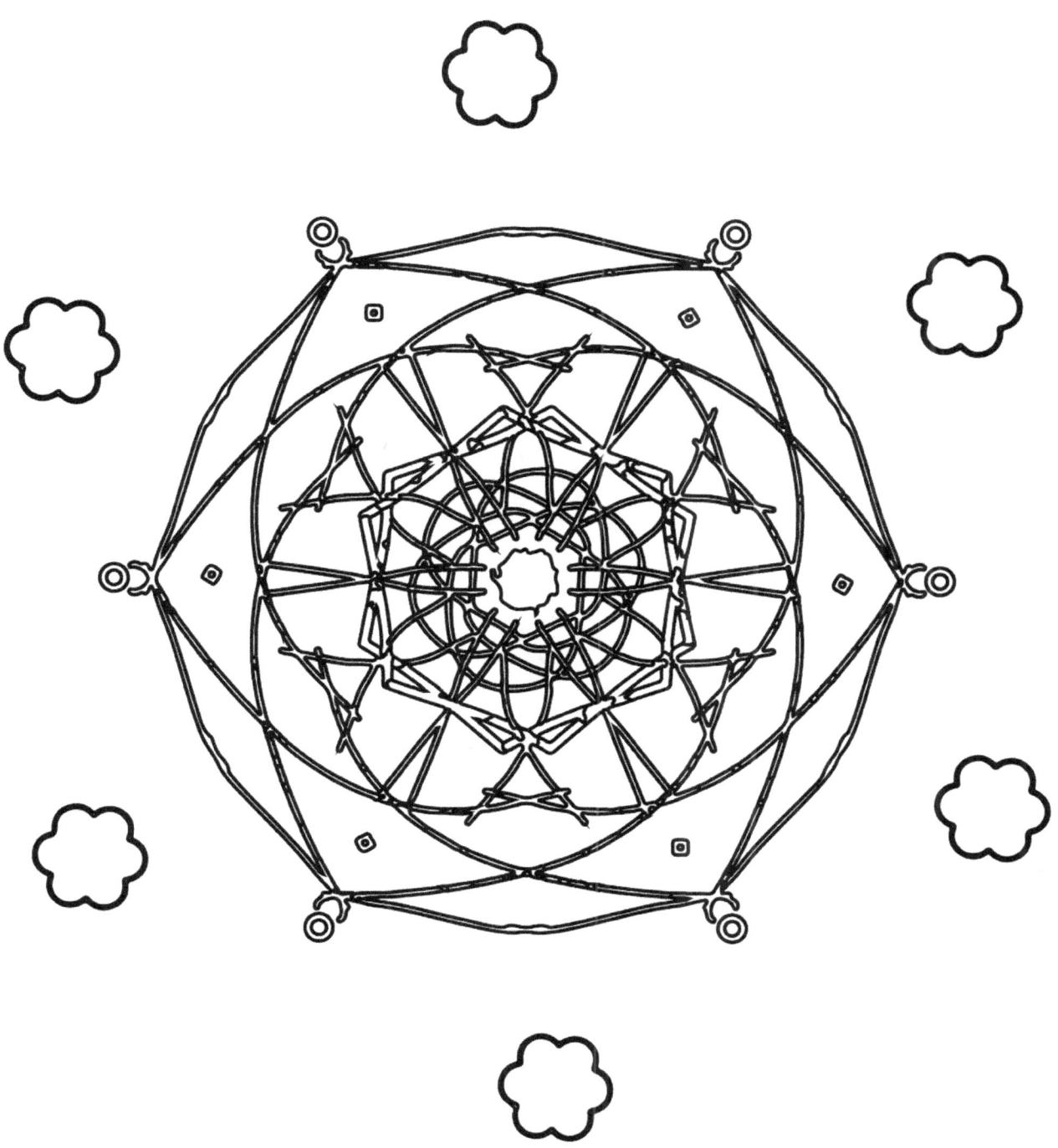

Actividad 110: Ecuación de Amor

Geometría Sagrada y Sólidos Platónicos Libro para Colorear **221**

Actividad 110: Ecuación de Amor

Actividad 111: Sin Amor

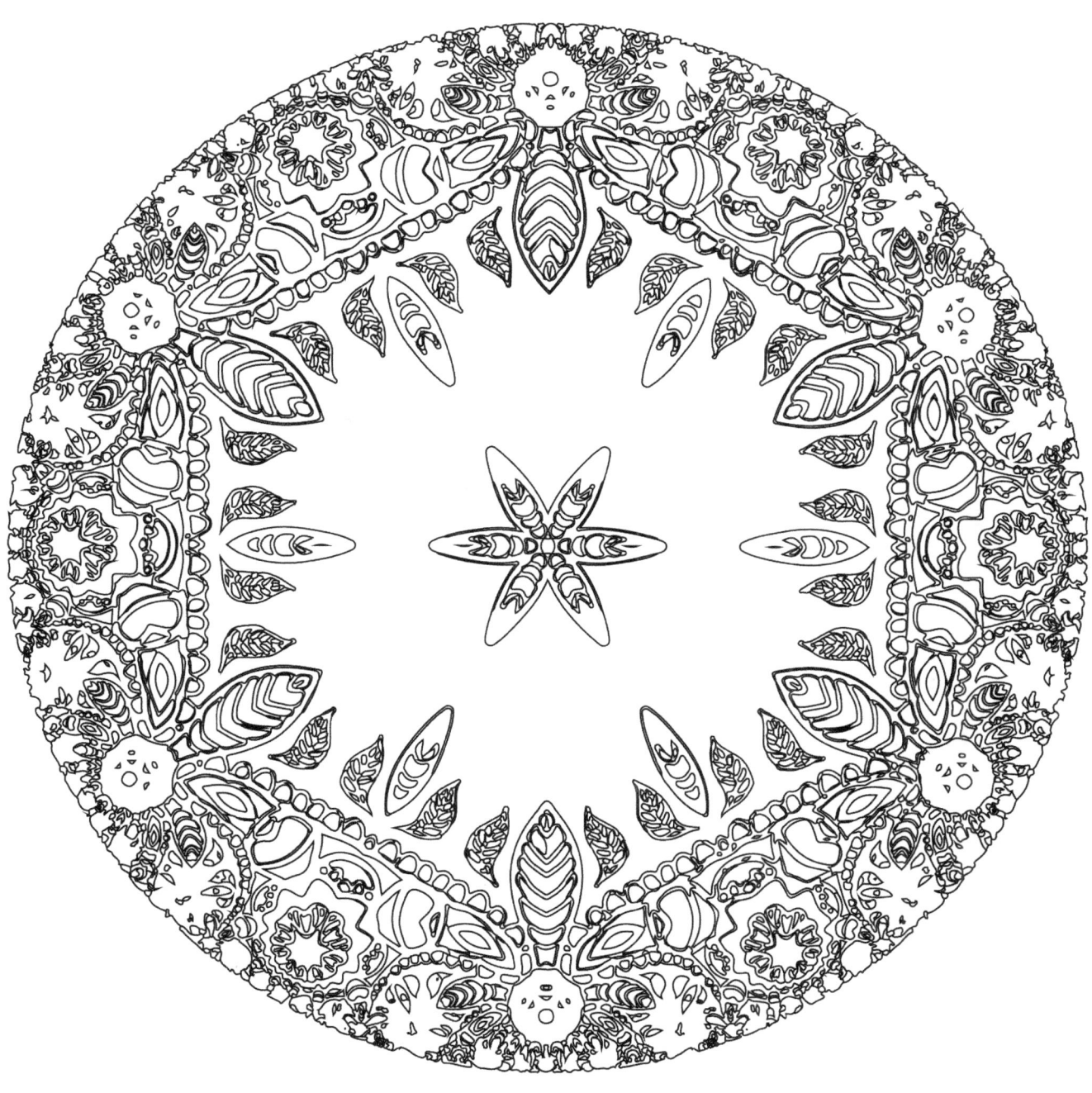

Actividad 112: R2D4

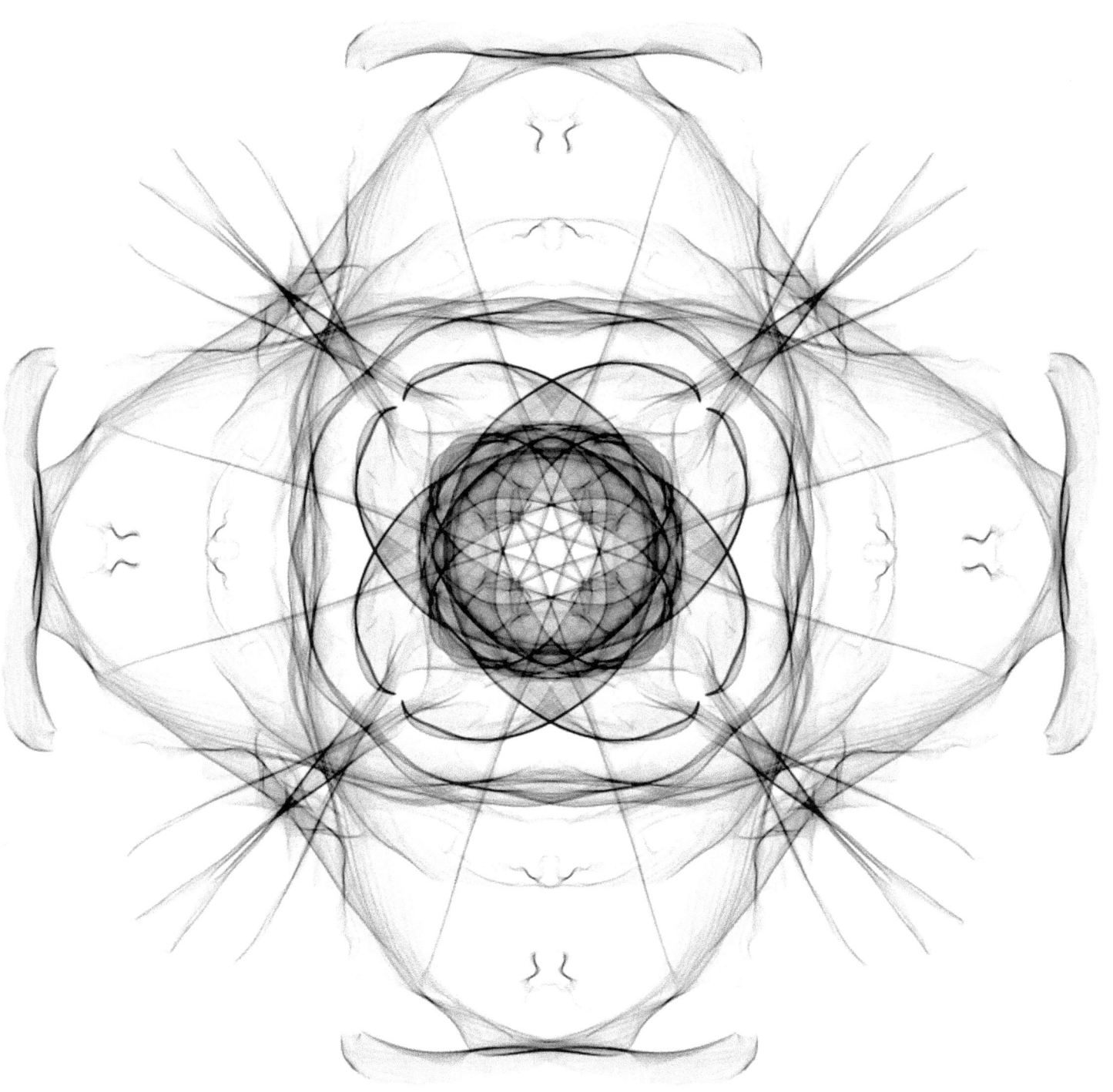

Actividad 113: El Iniciado

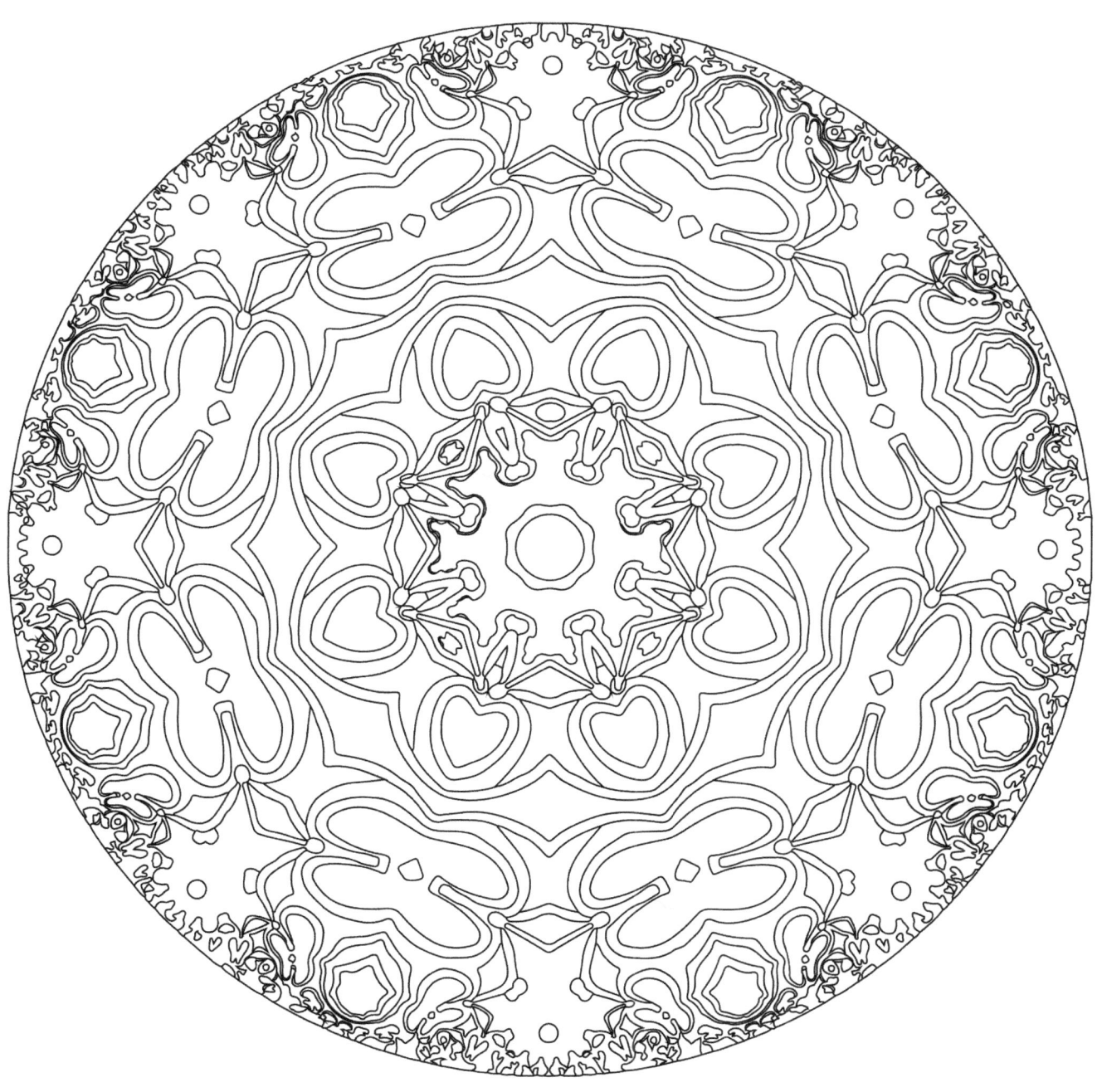

Actividad 113: El Iniciado

Actividad 114: Bellisima

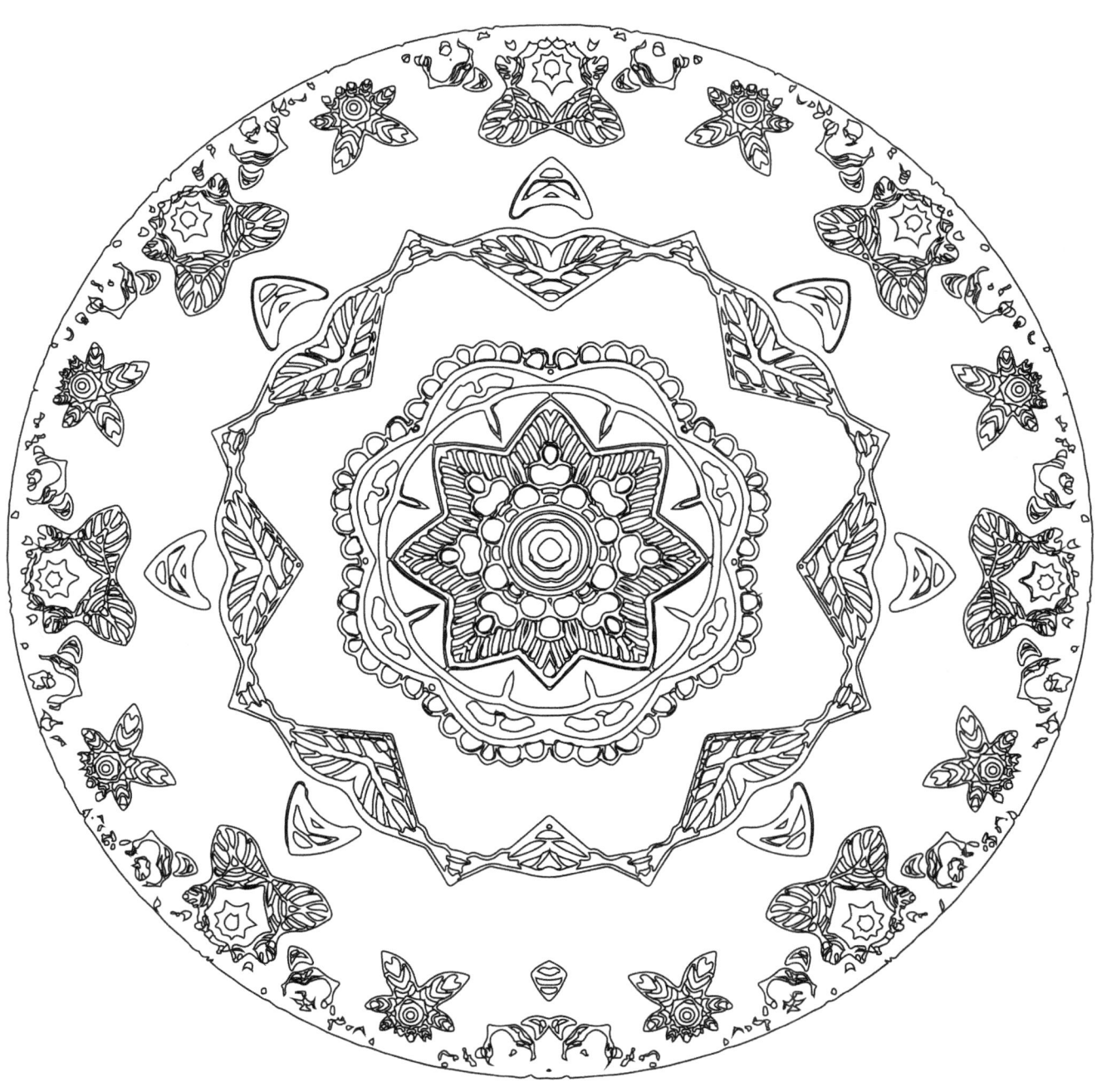

Actividad 115: Cometas

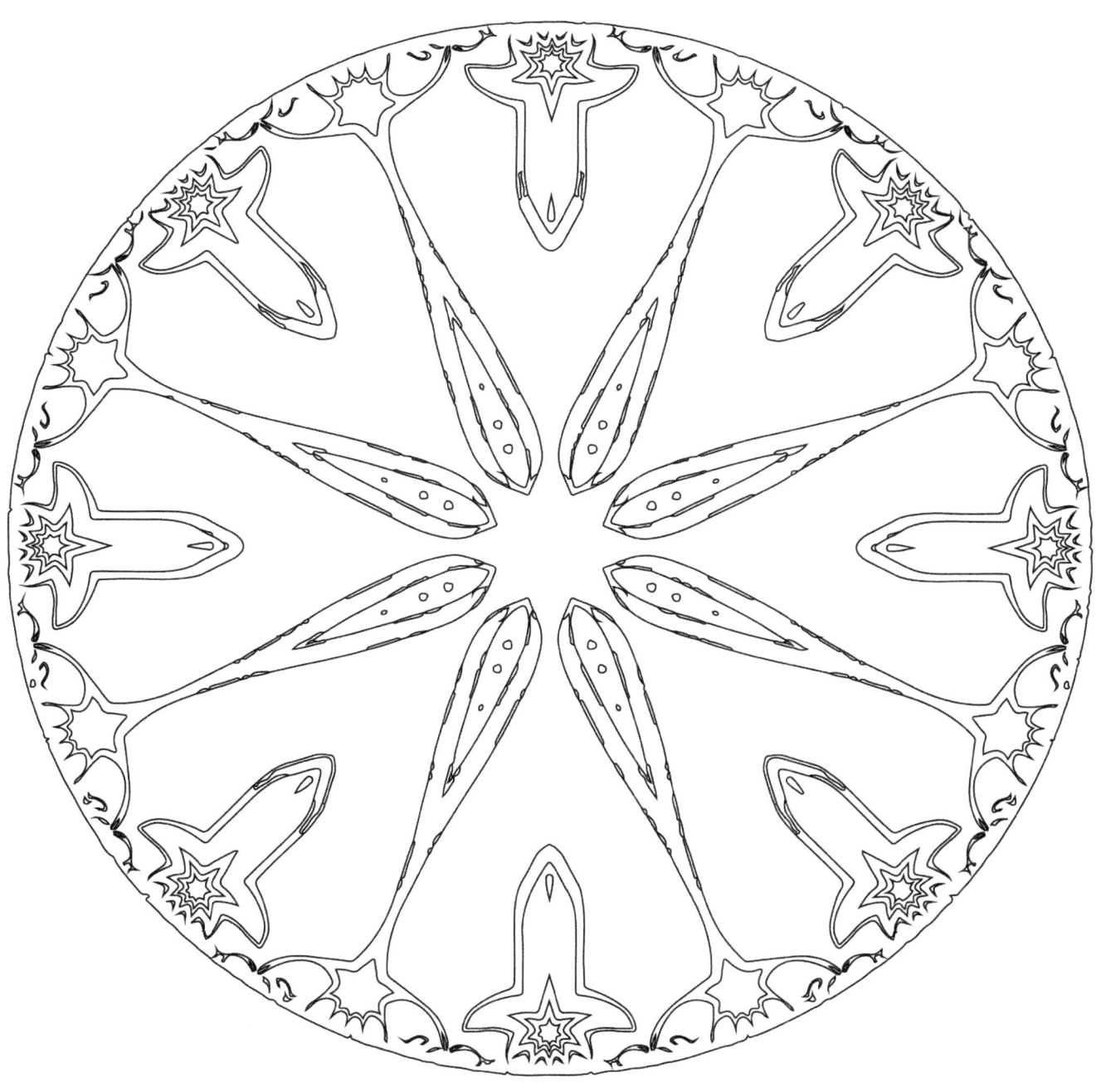

Actividad 116: Torbellino Galaxy

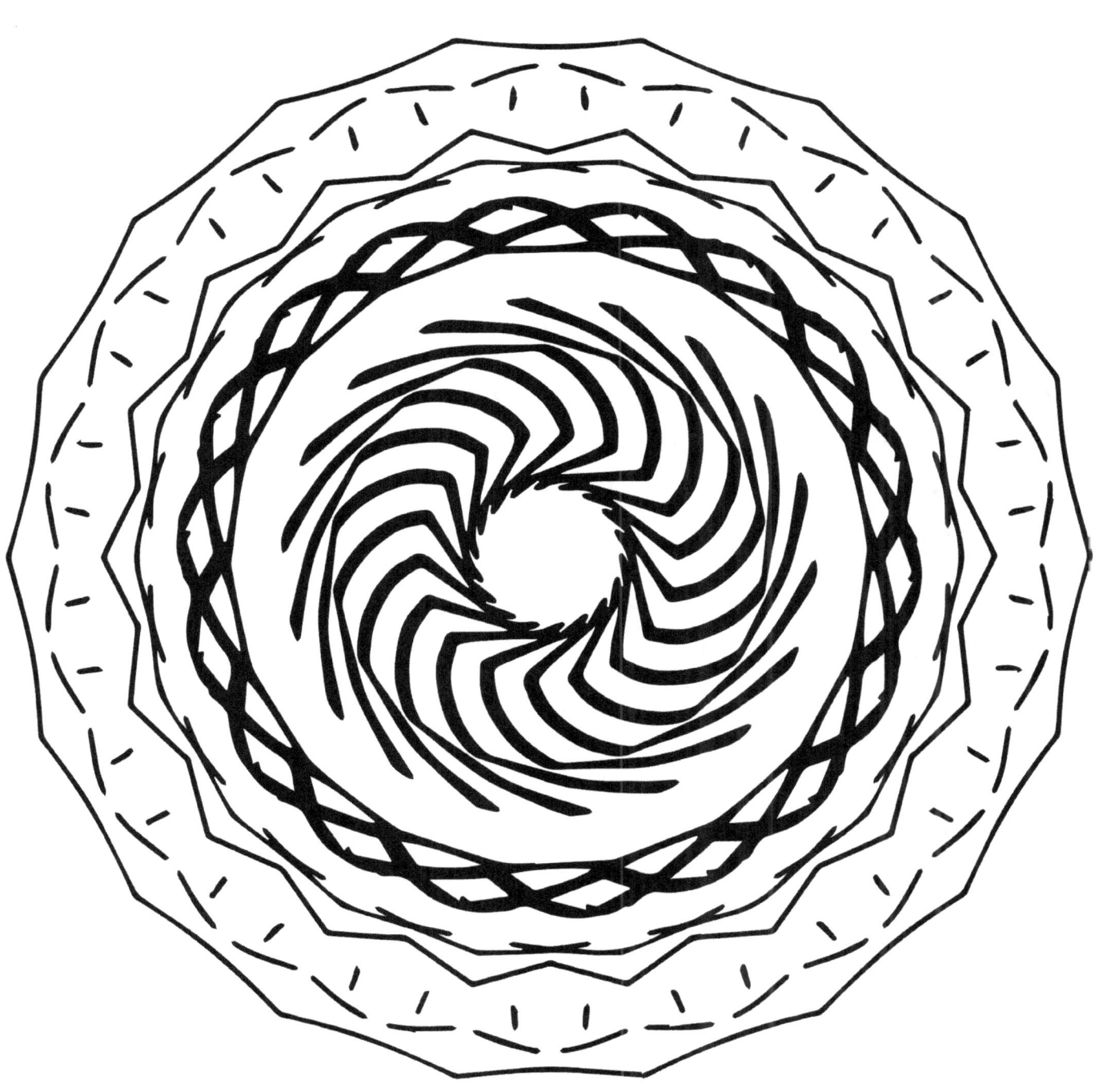

Actividad 116: Torbellino Galaxy

Actividad 117: Messier 81

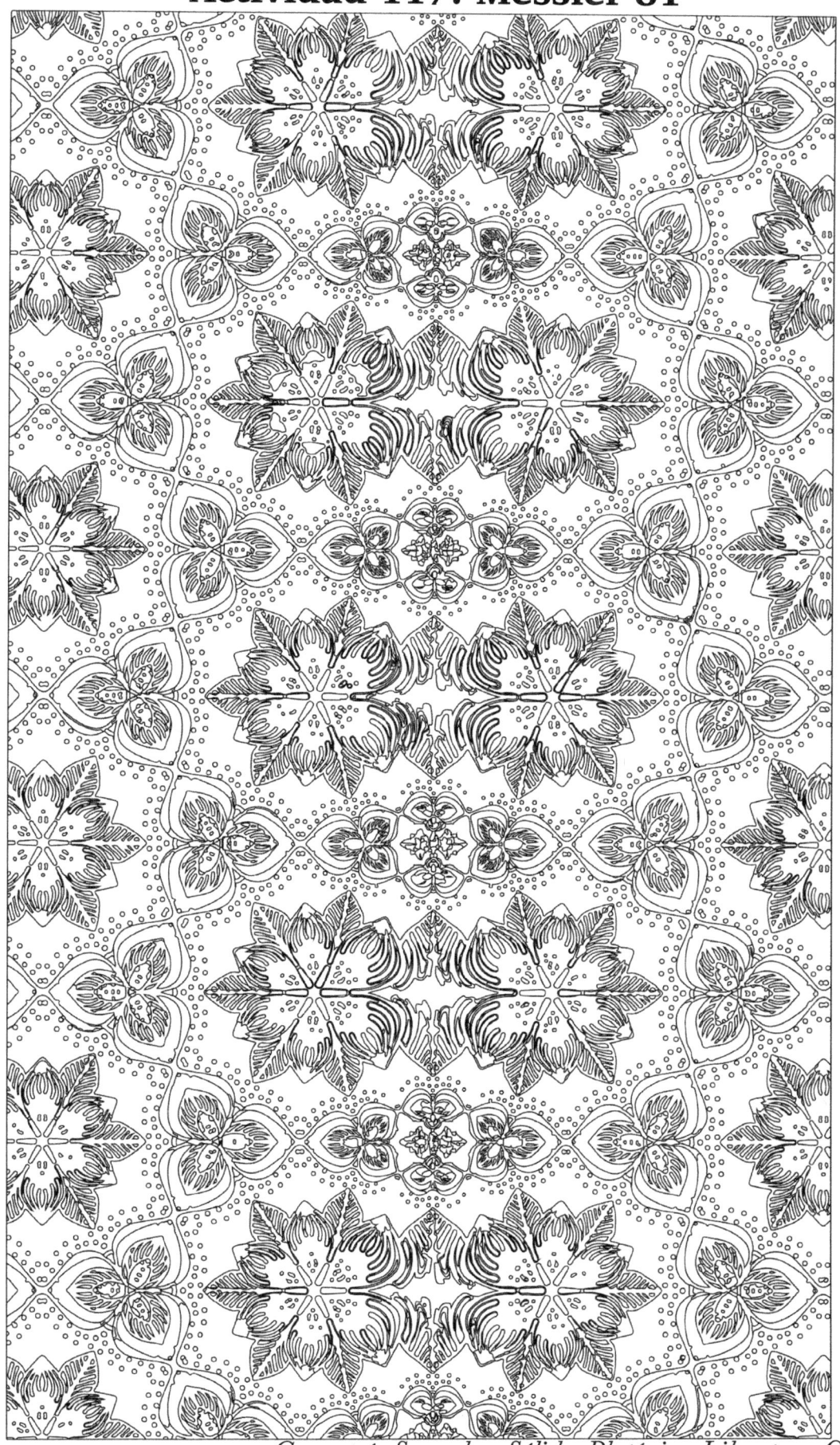

Actividad 118: Aurora

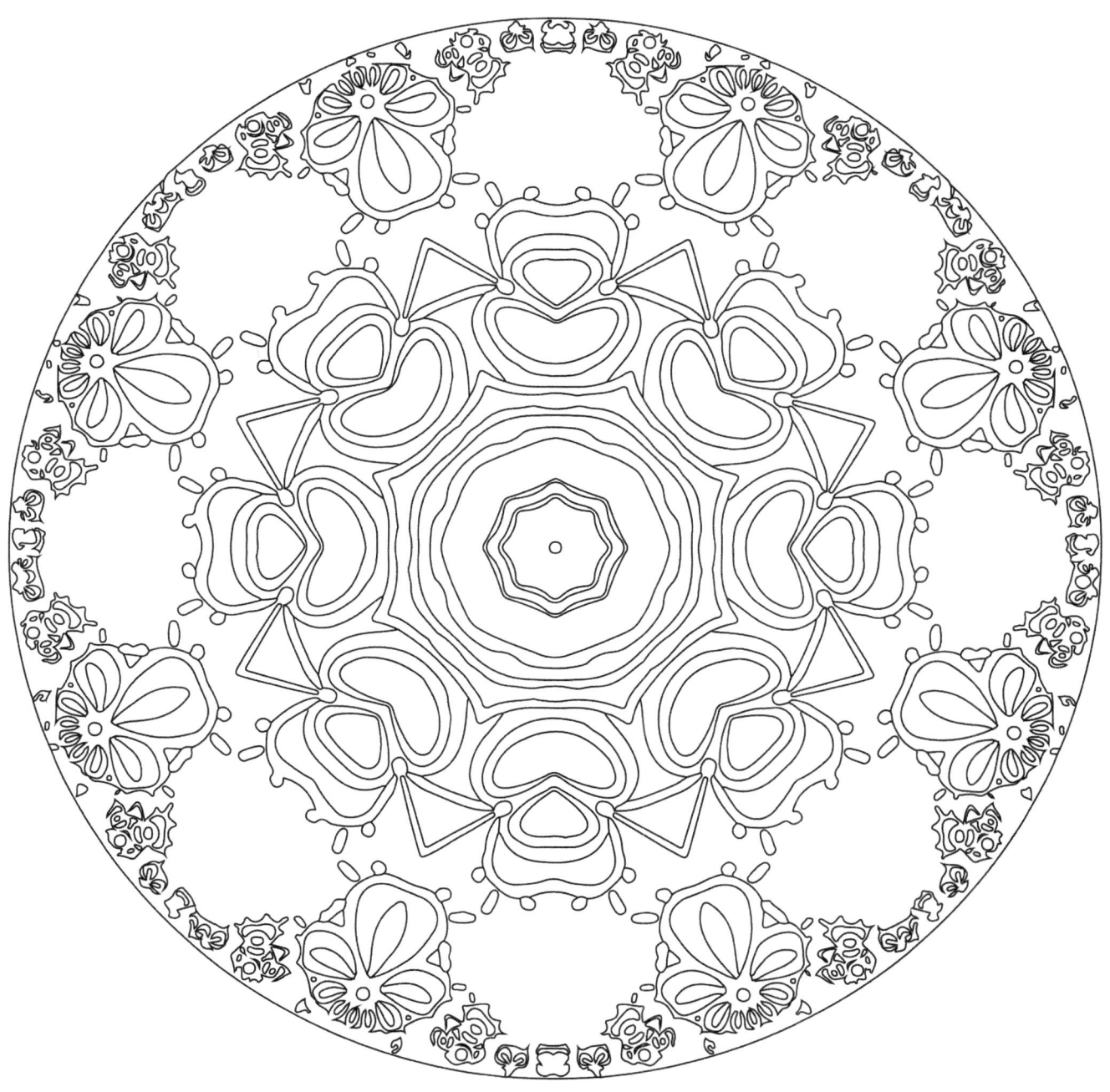

Actividad 119: Elektra

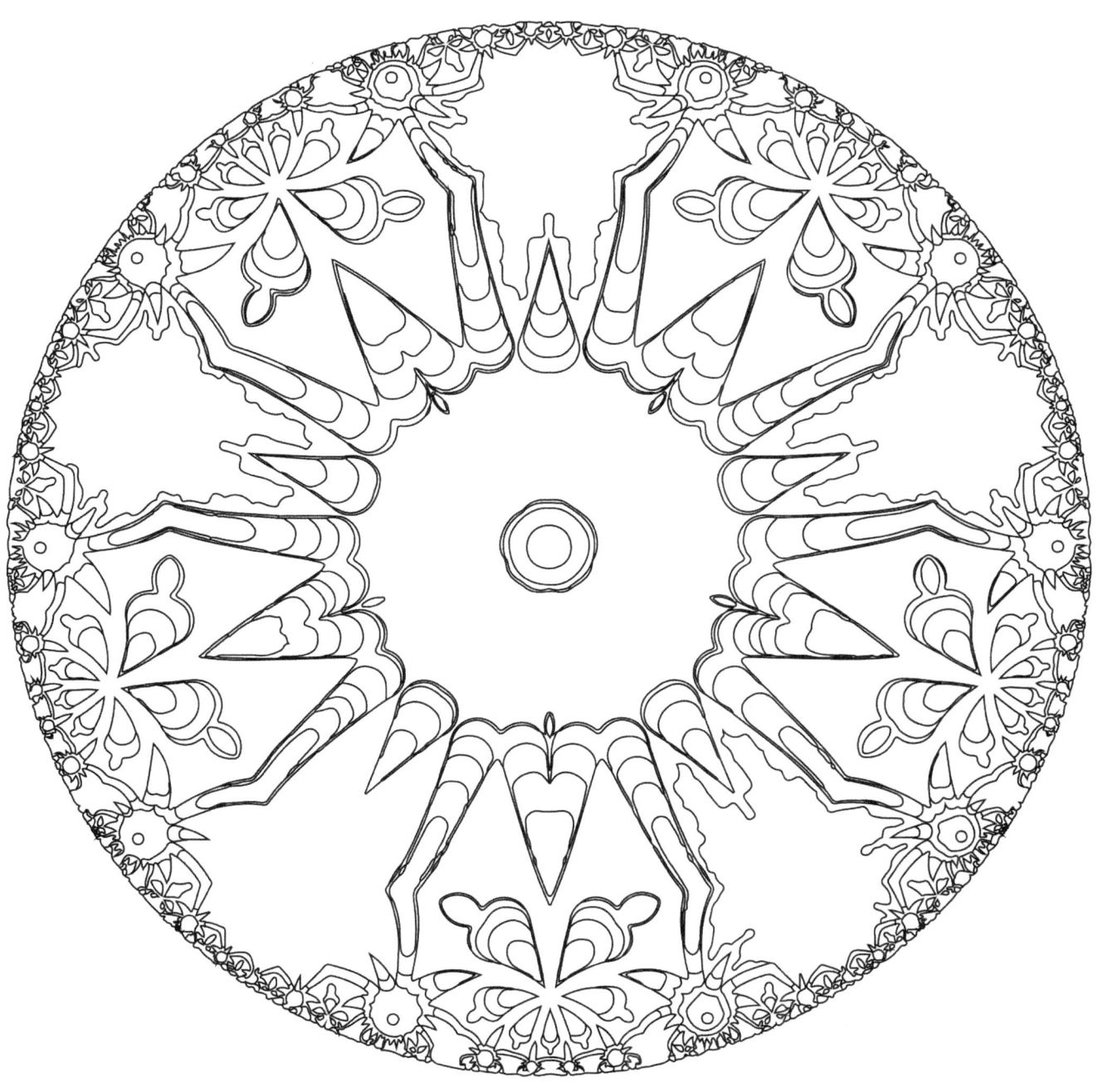

Actividad 120: Lyra

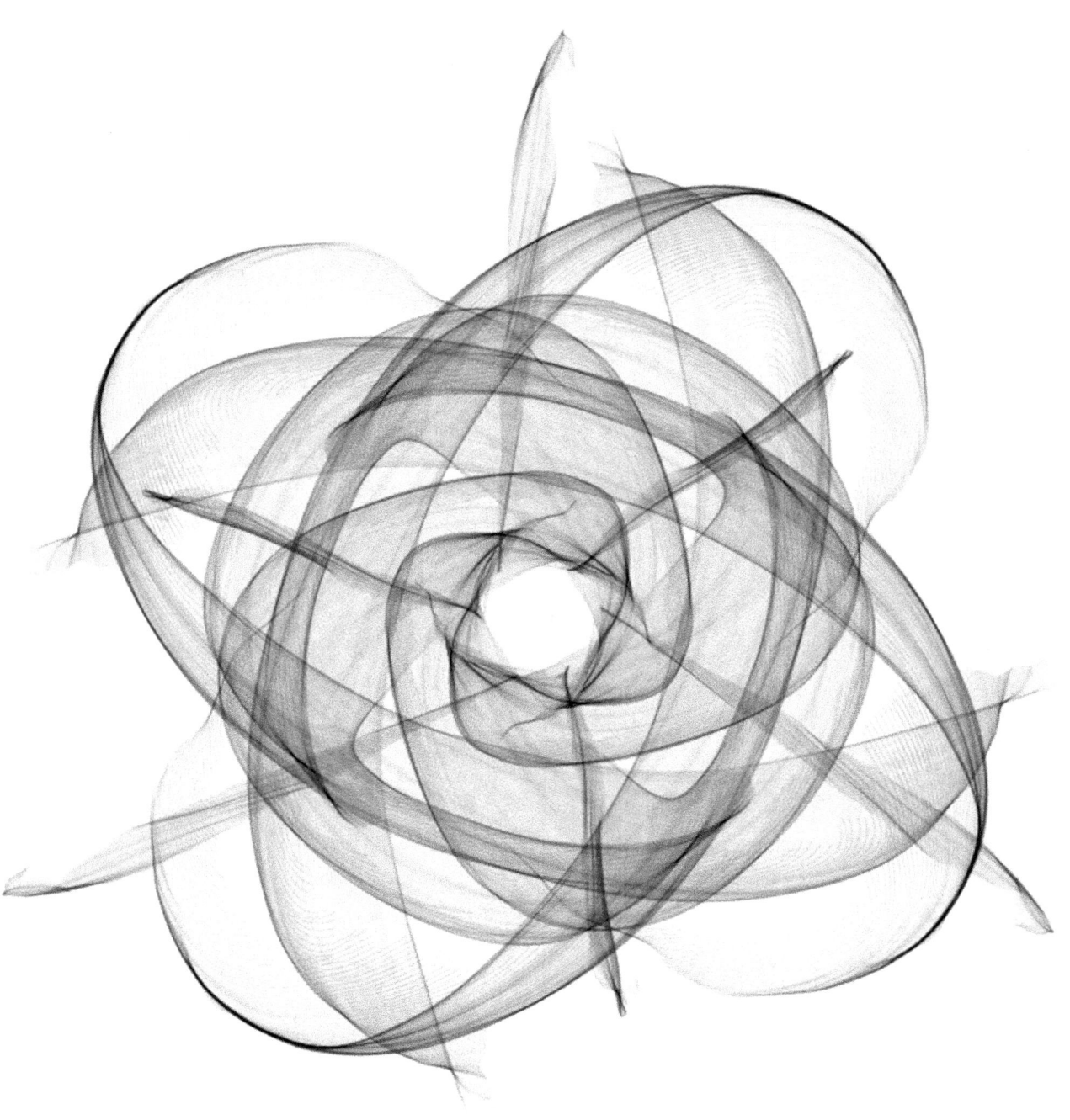

Actividad 121: Leilani

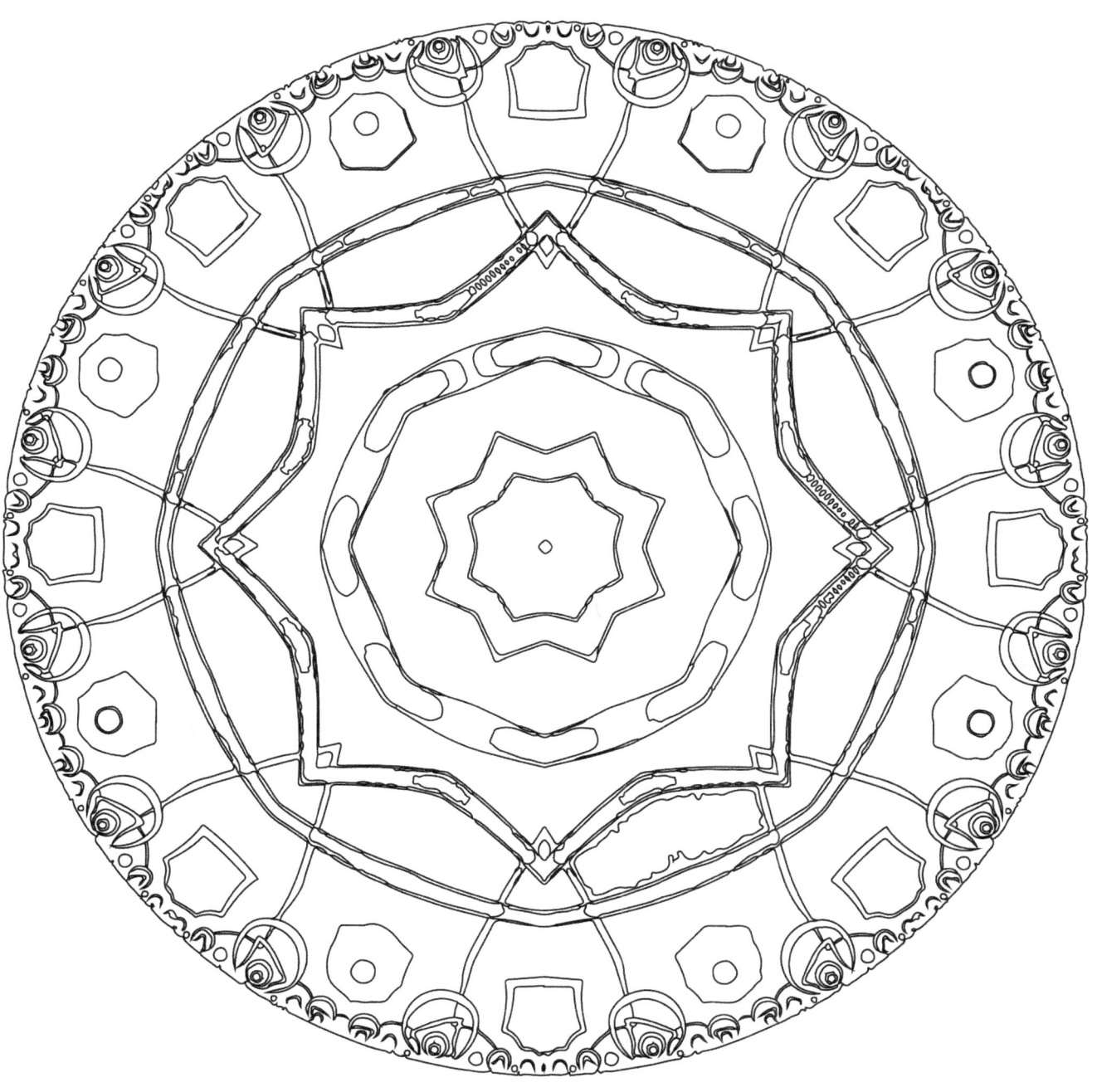

Actividad 122: Novas

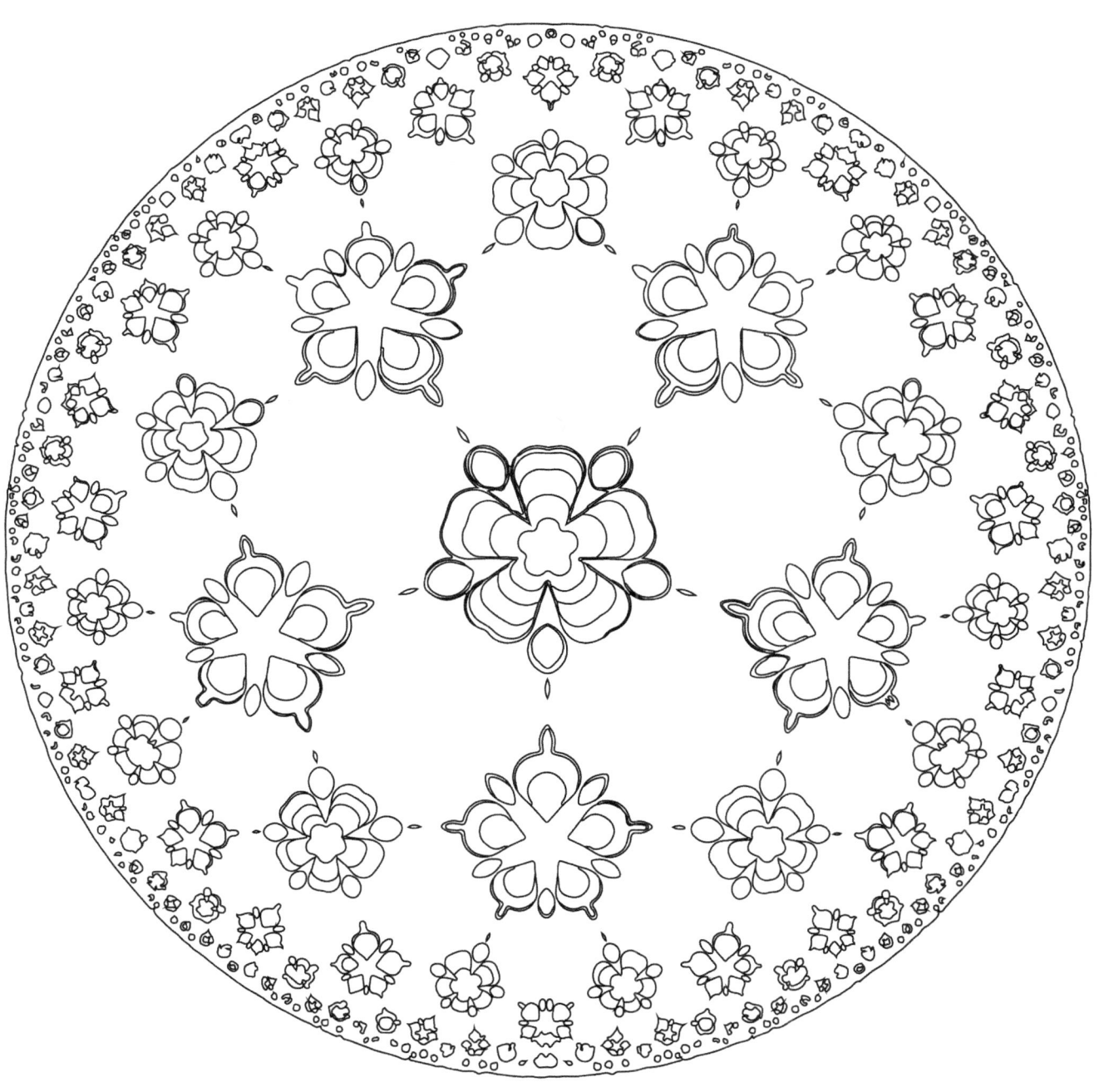

Geometría Sagrada y Sólidos Platónicos Libro para Colorear

Actividad 123: Iris

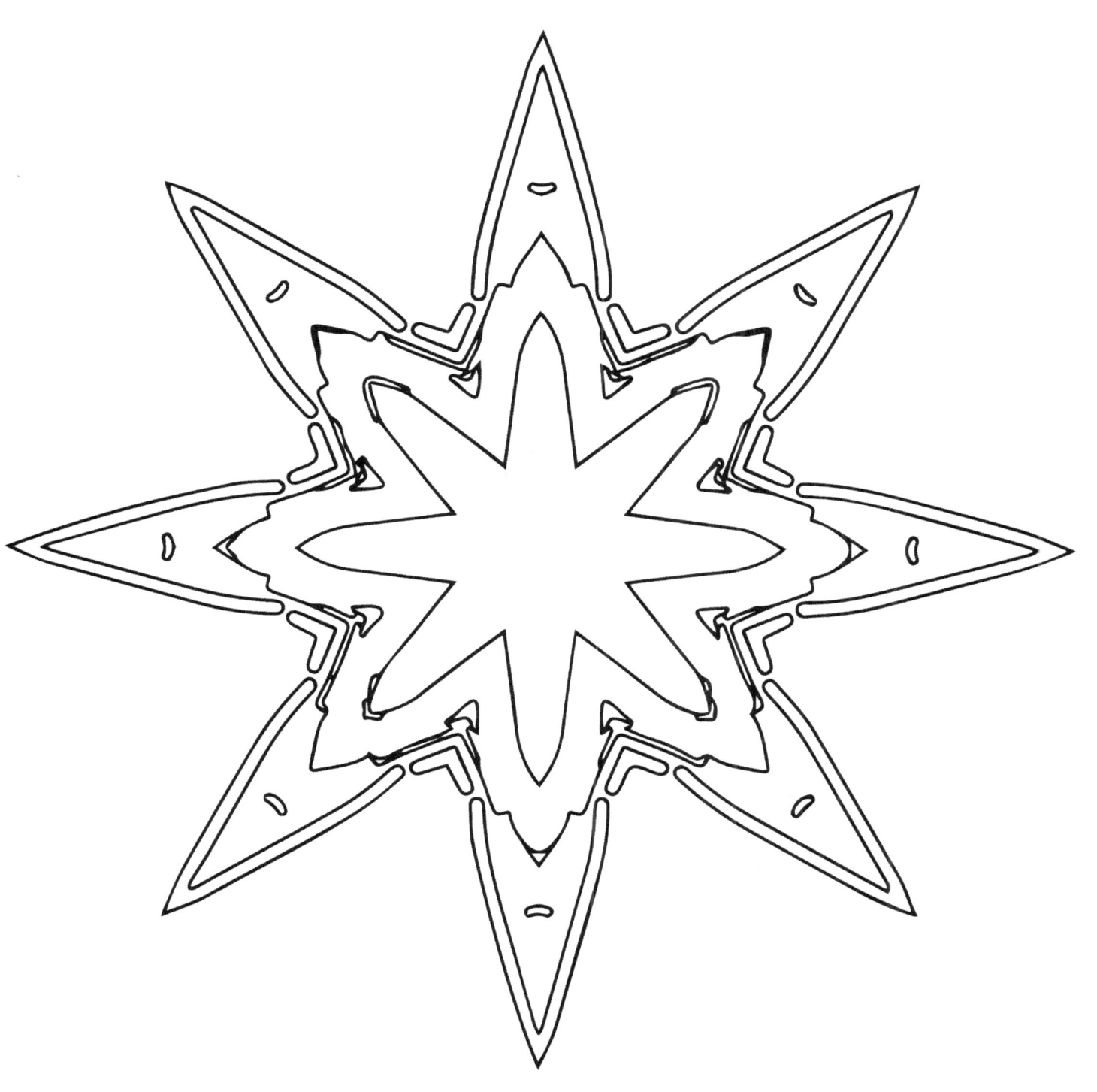

Actividad 124: Hyperion

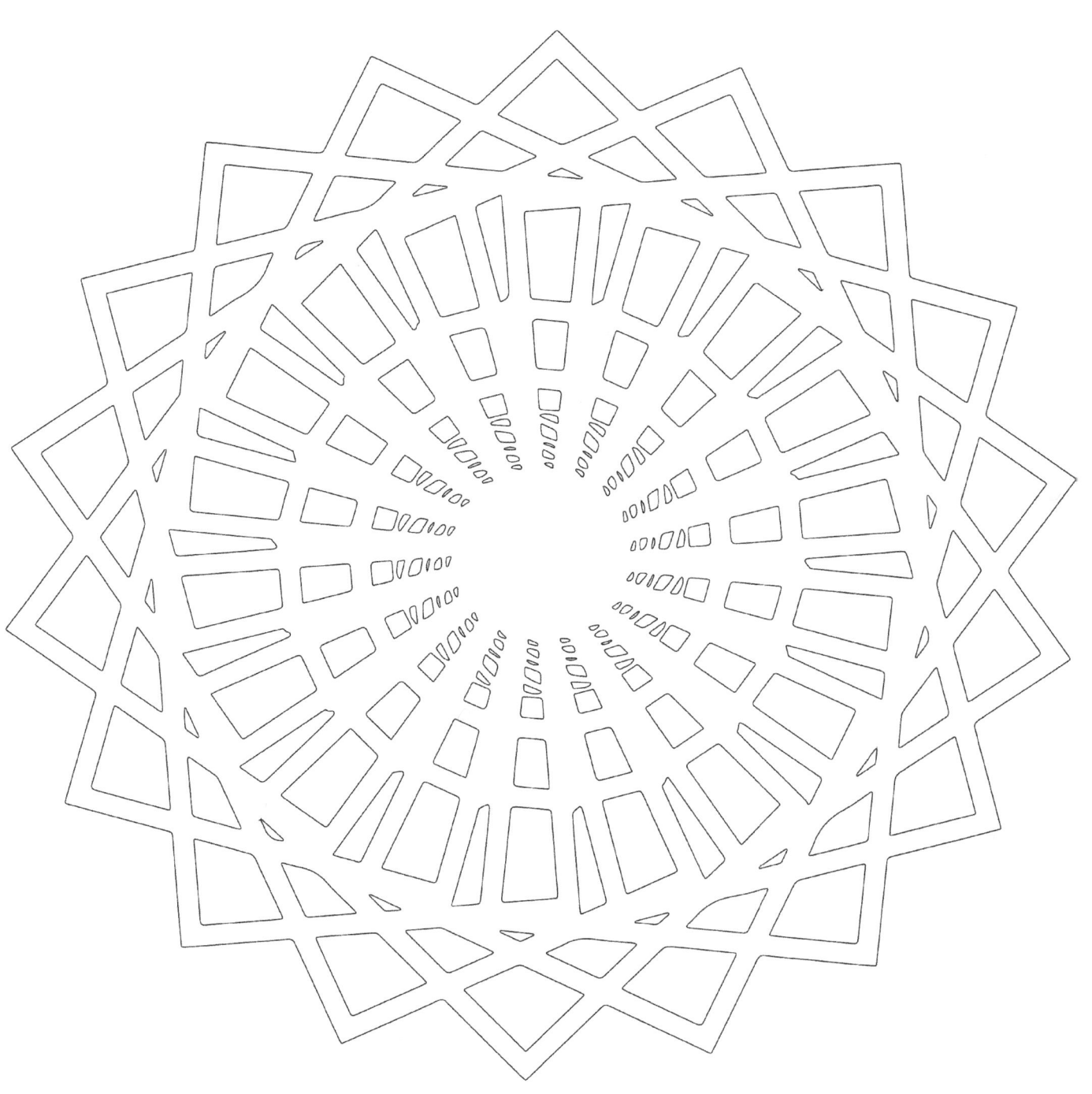

Actividad 124: Hyperion

Actividad 125: Nevaeh

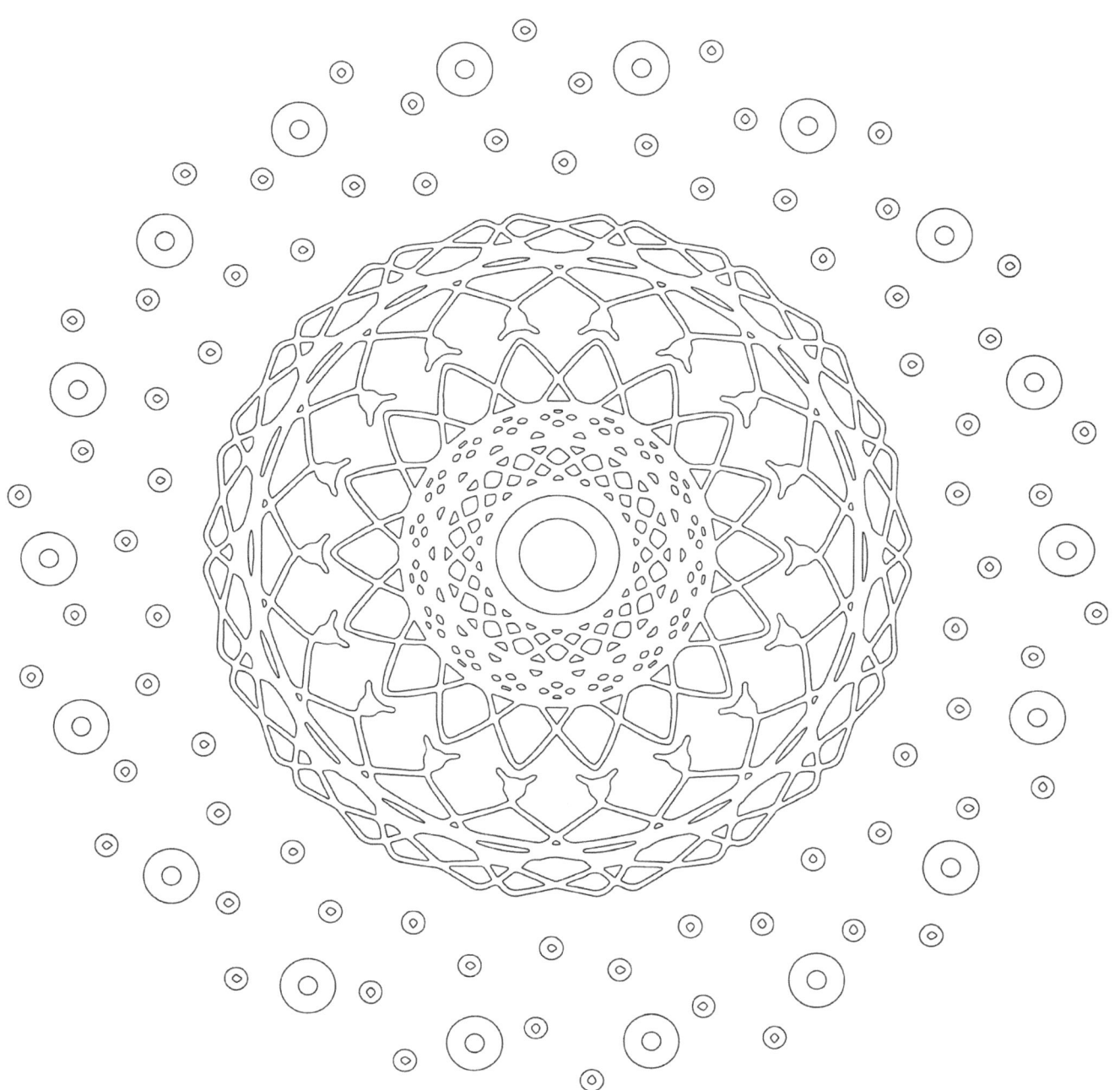

Reconocimiento

1. Pixabay.com

2. Weavesilk.com

3. Omnigeometry.com

4. "The Secret of the Temple: Earth Energies, Sacred Geometry, and the Lost Keys of Freemasonry", John Michael Greer, Llewellyn publications, 2016.

5. "Sacred Matehamtics: Japanese Temple Geometry", Fukagawa Hidetoshi, Tony Rothman, Princeton University press, 1943.

6. "Fivefold Symmetry", Istvan Hargittai, World Scientific, 1991

www.ingramcontent.com/pod-product-compliance
Lightning Source LLC
Chambersburg PA
CBHW062100220526
45471CB00010B/3553